人生大学名人讲堂

卡耐基
洞悉人性的人生导师

DONGXI RENXING DE RENSHENG DAOSHI

主　编：拾　月
副主编：王洪锋　卢丽艳
编　委：张　帅　车　坤　丁　辉
　　　　李　丹　贾宇墨

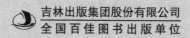

吉林出版集团股份有限公司
全国百佳图书出版单位

图书在版编目（CIP）数据

卡耐基：洞悉人性的人生导师 / 拾月主编. -- 长春：吉林出版集团股份有限公司，2016.2（2022.4重印）
（人生大学讲堂书系）
ISBN 978-7-5581-0759-7

Ⅰ. ①卡… Ⅱ. ①拾… Ⅲ. ①卡耐基，D.（1888～1955）- 生平事迹 - 青少年读物 Ⅳ. ①K837.125.38-49

中国版本图书馆CIP数据核字（2016）第041409号

KANAIJI DONGXI RENXING DE RENSHENG DAOSHI

卡耐基·洞悉人性的人生导师

主　　编	拾　月
副主编	王洪锋　卢丽艳
责任编辑	杨亚仙
装帧设计	刘美丽

出　　版	吉林出版集团股份有限公司
发　　行	吉林出版集团社科图书有限公司
地　　址	吉林省长春市南关区福祉大路5788号　邮编：130118
印　　刷	鸿鹄（唐山）印务有限公司
电　　话	0431-81629712（总编办）　0431-81629729（营销中心）
抖音号	吉林出版集团社科图书有限公司　37009026326

开　　本	710 mm×1000 mm　1 / 16
印　　张	12
字　　数	200 千字
版　　次	2016 年 3 月第 1 版
印　　次	2022 年 4 月第 2 次印刷

书　　号	ISBN 978-7-5581-0759-7
定　　价	36.00 元

如有印装质量问题，请与市场营销中心联系调换。0431-81629729

"人生大学讲堂书系" 总前言

昙花一现，把耀眼的美只定格在了一瞬间，无数的努力、无数的付出只为这一个宁静的夜晚；蚕蛹在无数个黑夜中默默地等待，只为了有朝一日破茧成蝶，完成生命的飞跃。人生也一样，短暂却也耀眼。

每一个生命的诞生，都如摊开一张崭新的图画。岁月的年轮在四季的脚步中增长，生命在一呼一吸间得到升华。随着时间的推移，我们渐渐成长，对人生有了更深刻的认识：人的一生原来一直都在不停地学习。学习说话、学习走路、学习知识、学习为人处世……"活到老，学到老"远不是说说那么简单。

有梦就去追，永远不会觉得累。——假若你是一棵小草，即使没有花儿的艳丽，大树的强壮，但是你却可以为大地穿上美丽的外衣。假若你是一条无名的小溪，即使没有大海的浩瀚，大江的奔腾，但是你可以汇成浩浩荡荡的江河。人生也是如此，即使你是一个不出众的人，但只要你不断学习，坚持不懈，就一定会有流光溢彩之日。邓小平曾经说过："我没有上过大学，但我一向认为，从我出生那天起，就在上着人生这所大学。它没有毕业的一天，直到去见上帝。"

人生在世，需要目标、追求与奋斗；需要尝尽苦辣酸甜；需要在失败后汲取经验。俗话说，"不经历风雨，怎能见彩虹"，人生注定要九转曲折，没有谁的一生是一帆风顺的。生命中每一个挫折的降临，都是命运驱使你重新开始的机会，让你有朝一日苦尽甘来。每个人都曾遭受过打击与嘲讽，但人生都会有收获时节，你最终还是会奏响生命的乐章，唱出自己最美妙的歌！

正所谓，"失败是成功之母"。在漫长的成长路途中，我们都会经历无数次磨炼。但是，我们不能气馁，不能向失败认输。那样的话，就等于抛弃了自己。我们应该一往无前，怀着必胜的信念，迎接成功那一刻的辉煌……

感悟人生，我们应该懂得面对，这样人生才不会失去勇气……

感悟人生，我们应该知道乐观，这样生活才不会失去希望……

感悟人生，我们应该学会智慧，这样在社会上才不会迷失……

本套"人生大学讲堂书系"分别从"人生大学活法讲堂""人生大学名人讲堂""人生大学榜样讲堂""人生大学知识讲堂"四个方面，以人生的真知灼见去诠释人生大学这个主题的寓意和内涵，让每个人都能够读完"人生的大学"，成为一名"人生大学"的优等生，使每个人都能够创造出生命中的辉煌，让人生之花耀眼绚丽地绽放！

作为新时代的青年人，终究要登上人生大学的顶峰，打造自己的一片蓝天，像雄鹰一样展翅翱翔！

"人生大学名人讲堂"丛书前言

　　名人是一面镜子。名人成功背后的经验是我们成长路上宝贵的精神财富,名人的失败教训会让我们在人生奋斗的历程中多几分冷静,少走几段弯路。古往今来成大器者,都十分重视吸取名人的经验教训。牛顿说:"我之所以成功,是因为我站在了巨人的肩上。"现代社会竞争激烈,每个想在成长途中少走弯路、多几分成功机率的人,都没有理由不去关注名人。我们不应忘记,那些站在世界历史殿堂里发出宏音、在人类文明进程中留下足迹的英杰伟人。他们以身作则,鞠躬尽瘁,奉献自己的光和热,为人类文明的进步发挥了不可忽视的作用。

　　"人生大学名人讲堂"丛书选择世界上最具代表性的10位各领域的名人,以传记故事为载体,通过生动有趣的故事,全方位地讲述其成长历程、主要成就和性格身份特征,真实地还原了一个时代伟人。本丛书用生动、富于文采的语言描述了各领域名人的生平轶事、成功轨迹,行文流畅,文笔优美,引人入胜。丛书内容翔实,不仅生动地记载了每位名人的生平经历,而且客观地总结了他们的成功经验和失败教训,文字通俗易懂,融知识性、趣味性于一体,足以为今人提供借鉴,帮助大家做一个有所作为、有益于社会的人。

此套丛书不同于名人传记大量罗列人物所取得成就的做法，避免行文苍白、单调的缺点，无论是《乔布斯·用思想改变世界的传奇人生》《爱迪生·光明使者的精彩人生》《特蕾莎修女·在爱中永生的灿烂人生》《爱因斯坦·科学巨人的人生启示》《贝多芬·同命运抗争的坎坷人生》，还是《卡耐基·洞悉人性的人生导师》《巴菲特·天才投资家的人生感悟》《松下幸之助·经营之神的人生智慧》《原一平·推销之神的人生真谛》《比尔·盖茨·世界首富的慷慨人生》，我们都能全方位地以一个常人的角度来解读人物的一生，客观地评价人物性格，看待人物的喜怒哀乐、人生起伏，从而在他们身上得到可以在今天的现实生活中实际应用的人生智慧和处世准则，同时也吸取他们身上的教训，在阅读他人人生故事的过程中完善自我人格。

读"人生大学名人讲堂"丛书，看世界伟人的传奇故事，收获人生经验和智慧。名人在未获得巨大的成功之前也只是普通的一员，踏着名人成长奋斗的印迹，能让我们真切地感悟到他们成功的经验！你可以欣赏指点江山、叱咤风云的英雄伟人，探索一生、创造无限的科技精英，文采斐然、妙笔生花的文化巨擘，叩问生命、润泽心灵的思想大哲……你可以学习到投资家的高瞻远瞩、博大胸怀，商业家的韬略智谋、机会驾驭，艺术家的激情创造、灵感飞扬，宗教领袖的独特理念、献身精神，科学家的坚持真理、不懈探索……你可以发现，伟大人物的成功之路虽有千条万条，但他们却拥有共同的秘诀：远大的理想和不懈的努力，敏锐的目光和果敢的行动，顽强的意志和坚定的决心……

成功之路，从这里起步。

目录
Contents

第 1 章

良语破冰，世上没有穿不过去的墙

俗话说，忠言逆耳。有很多时候，在我们的一生之中，我们最需要听到的并不是那些阿谀奉承的赞美之言，相反，那些让我们一时难以接受的实话，才是我们人生前行的真正动力。

第一节　委婉批评：让对方看到你赤诚的心

批评是危险的，因为它常常伤害一个人宝贵的自尊，伤害他的自重感，并激起他的反抗。批评所引起的嫉恨只会降低员工、家人以及朋友的士气和情感，同时指责的事情也不会有任何改善。——卡耐基

重视每一场谈话的质量

在人际交往的过程中，在职场的自我展示中，我们常常需要展开一场交谈，如何开始，如何进入正题，如何能够让人接受，这些是所有人都应该注意的谈话技巧。尤其在公众场合之中，怎样和你的同事、朋友展开谈话，也需要讲究一定的谈话艺术。常常有人会发出这样的疑惑，在职场里如何对自己的同事，甚至领导说出自己的不同意见呢？这是一个非常重要的本领，有很多人都在人际关系上吃过大亏。那么如何做到让别人能够理解你传递出的意思呢？

卡耐基曾经在青年会夜校工作，对于这个工作，他个人非常满意，且全心投入。可是对于"卡耐基课堂"，同学们并不买账。

有一天，卡耐基正在演讲"对恐惧的研究"时，一位新来的男青年学生打断了他："卡耐基先生，你说的一切都与怎样演说无关，我们不需要心理医生，我们只要一位充满机智的教师，而不是像你这样只会胡说八道。"

恰好这一幕被青年会主任看到了，她满面怒容地走进教室，丝毫不顾及卡耐基的存在，宣布今天的课程到此为止，然后要求卡耐基到她办公室说清楚这件事。卡耐基明白，自己的行为已经触怒了主任，果不其然，当天主任就宣布他被解雇了。

回到家里，卡耐基开始思考，究竟是什么让他失败了，他不停地问自己，自己的课程失败了吗？后来，卡耐基终于明白了，他的课程其实并没有完全失败，唯一值得反思的是，他不能照本宣科。

后来他又开始更深入地思考，究竟应该注意什么，这才是他需要通过这件事情吸收到的经验教训。

的确，一场有质量的谈话，并不仅仅能够影响到人际关系之中最核心的部分，更重要的是，人生是有限的，一场有质量的谈话或许能够抵得上我们花费很多时间去读书、去学习。正所谓"听君一席话，胜读十年书"。

卡耐基这一次失去了青年会的工作，却让他参悟到了很多谈话技巧。在人与人的交往之中，最难的便是指出别人的错误。他同样认识到了这一点，为了解决这个问题，卡耐基在纽约公共图书馆阅读了很多书籍，从人物传记到历史人物的传奇故事，他通通看了个遍。

请站在对方的角度去评价

在卡耐基思索谈话核心的时候，他阅读了很多书籍，这里面很多典故让他有了全新的认知，其中让他领悟到谈话技巧的正是"林肯的处世哲学"。下面我们不妨来看看触动了卡耐基的这则故事：

在南北战争时，林肯总统一次又一次地任命新的将军上前线去带兵打仗，但是每一个将军——麦巴里兰、胡克尔、波普、伯恩基、格兰特，都毫无例外地相继失败，这个情况让林肯非常失望。而在当时，全国有一半以上的百姓都在痛骂这些将军，可是林肯却始终保持着沉默。后来，别人询问他为何不对这些将军做出点评的时候，他引用了一句话——"不评议别人，别人才不会评议你。"

　　这样的小故事并非只有一件，1863 年 7 月，盖茨堡战役爆发。此时李将军向南撤退，突然天降大雨，李将军和他的士兵们退到波多梅克时发现他们面对着一条高涨而无法通过的河流。面对这样的敌人，林肯命令格兰特将军立刻对李将军展开进攻。然而，格兰特将军却并没有按照林肯的指示发起进攻，反而是一拖再拖，并且找出各种各样的借口，拒绝出兵。最终暴雨停止了，李将军也借此逃脱。

　　听闻这个消息的林肯非常生气，但是在理智思考之后，他给格兰特将军写了一封信，信里没有半点指责，反而是写出了很多格兰特将军的心声。他说："的确，在那种情况之下，出击李将军似乎是举手之劳的事，但是假如我当时也在盖茨堡，或许我也会像格兰特将军一样。出击很容易，可是面对伤兵的悲号哀吟、面对百姓的流离失所，或许我的抉择也会如格兰特将军一样……"

　　卡耐基看到了林肯的这些事迹，内心产生了很大的波动和相当深刻的感悟。他充分认识到，面对错误，尖刻的批评和斥责几乎都是无济于事的。后来，他将这则故事抄录在自己的本子上，时时刻刻提醒着自己，不要轻易去批评他人、斥责他人，而是要站在对方的角度多想一想。

　　除了站在他人的角度去努力思考他的所作所为之外，我们也不可避免地会对他人提出建议和批评，无论是对待工作伙伴，还是对待自己周围的朋友，这样的情况并不少见。对此卡耐基也提出了自己的看法，那就是用自己最真诚的态度去委婉地提出建议。

在你想要表达不同意见的时候，很多人都是不管不顾地说出自己的看法，甚至带着一点点高傲，这就让对方非常不舒服，会在无意中形成"高低不对等"的局势。可如果你在否定他意见之前，先肯定他意见之中好的方面，如他的创新意识，这就会造成不同的结果。一段谈话开始前的赞扬，就好像牙医给病人使用的麻醉剂，钻牙虽然仍是痛苦的事情，但病人感觉到的疼痛会减轻很多。

用疑问句来代替肯定句，这是一个非常好的表达自己不同意见的方法，实际上，这也是将自己的不同意见告诉别人的最佳句式。尤其在指出别人错误的时候，一定要用委婉含蓄的方式，不要太直接，以免让人心生抵触。而含蓄委婉地指出他人的过错，更可以激发起他人的羞愧之心并让他们心存感激。这样他们在今后的工作中能够采取更就就业业的态度，同时也能够积极努力地去纠正自己的错误，使情况大为改观。

我们在要求同事为自己做事，又或者要求下属完成某项工作的时候，尽量不要用肯定句句式，比如，对别人说"你要做这个"，或是"不要做这个"。而针对这种情况，我们更应该考虑用疑问句句式，比如"你认为这样做可以吗？""你认为这样怎么样？"或者也可以说"我们这样做，会不会比较好一点？"

合理并且擅长用这种委婉的表达方式来传达自己的意图，不仅能够让对方感到舒服，让对方易于改正自己的错误，同时，也维护了他人的自尊，让他们认识到自己存在的重要性，会让他们希望跟你合作，而不是产生抵触情绪。

"委婉"是说话时的一种策略，也就是在阐述自己观点的时候，不要用太过直述的语言来说明问题，而是要用曲折的方法加以烘托或暗示，让他人通过自己的思考而得出结果，从中揣摩出你的意图。

这样一来，即便是批评别人的话语，也会显得更加人性化，语气更加委婉含蓄，让人觉得你在尊重他人的人格和自信心，只有在这样的前提下指出错误，才能达到你想要的结果。

卡耐基被称作是"美国现代成人教育之父"，在传播自己的教育理念的时候，他非常明确地指出，在每一堂课中，教师只担任催化剂的功能，鼓励学员采取行动，并回应谈话。教师使用两种工具，以使学员相信他们自己和他们的能力，一种是讲评，另一种是直接的帮助。

有一次，在纽约市的卡耐基的课堂上，其中一个叫作玛丽的学员发表了自己的看法，卡耐基发现了非常关键的问题——尽管玛丽当时发表演讲的时候肢体僵硬，也没有一点演讲技巧，就连手势都非常拘谨和不自然，可是卡耐基却注意到，玛丽演讲的内容其实非常有趣，如果稍作调整，一定能够吸引在场的所有人。

卡耐基并没有直接批评她，而是点评道："同学们，你们现在是不是已经感受到玛丽的进步了？"

在座的同学都非常惊讶，就连玛丽也觉得很奇怪，明明自己已经将这次演讲搞砸了，卡耐基却表扬了她。卡耐基接着说道："你们看，她现在会使用手势了。这表示她要把她的意思告诉我们，她确实经历了她所说的事情。这就是她此次表演成功的地方。"说完，他又转过头非常真诚直视着玛丽的眼睛说道，"玛丽，你是我们的老师，如果再给你一次机会，我相信你会演讲得更好。"

玛丽听完之后，脸上立刻就露出了喜悦的笑容。在此之后，她的演讲一次比一次好，完全克服了自己紧张的缺点。

后来，卡耐基这样解释自己的意图，他认为，如果当时他对玛丽说，你说得很好，不过如果你多一点活力，就会演讲得更好。尽管这样说并没有错，可是玛丽的心里，就会觉得她演讲得并不好，她会在心里觉得自己很差劲，这样一来她就产生了抗拒心理。反过来说，她就不会觉得这是批评了，她沉醉在成功的愉悦里，她的态度就会是肯定的、积极的，而且还能在不知不觉中放松了她自己。而其他同学也不会认为这项训练对玛丽有什么不好的地方。这是肯定的加强，而不是羞辱。班上其他学员也接受同样的训练和讲评，这样一来，所有学员都不会觉得受到批评，也不会觉得低人一等。

用赞扬取代批评

这种说话委婉含蓄的技巧如果能够运用在做思想工作上，效果也是非常好的。你的领导可能会在某一时刻，碰到一些自己也把握不准的政策上的事，当你被问起这件事时，千万不要主观臆断、自作聪明、胡乱揣测。那么此时你应该怎样做呢？不妨用一些含糊性的语言加以对答。还有，如果碰到某个下属对身为领导的你处理某件事有不满情绪的时候，你也可以用调侃的方式说上一句："某某近来对某事有点'感冒'，恐怕是天冷的缘故吧。""感冒"这两个字既能够曲折地表示了事情的本意，下属也会在你风趣的批评中主动地承认自己的错误。

在批评别人时，用疑问句表达批评之意，语气委婉、态度诚恳、彬彬有礼，这样别人才能更好地去接受你提出的批评。即使对方一时难以接受，这样做也绝对不会伤了和气，更不至于令对方难堪。所以，出于善意友好的批评，不同于尖刻的讽刺、嘲弄，这些都是由批评者的出发点及态度所决定的。

所以，在卡耐基课堂上，其他的教师常常引述著名作家——戴尔·卡耐基的名言，来加强讲评的功效。这些名言使教师的讲评具有更大的可信度，而且让学员知道这些原则都是基本的真理，在人际关系方面尤为如此。学员应用了从卡耐基著作中学到的原则，因此急于得到听众的认同和赞扬。

中国有句老话："良药苦口利于病，忠言逆耳利于行。"其实，在我们的生活中并不完全是这样的。良药不一定是苦口的，一种带有苦味的药丸，如果表面加一层糖衣，就会使人尝觉到甜味，既容易下咽，又不会增加痛苦，同时也不会影响它的疗效。在我们批评别人之前，如果先来一番称赞，让对方先尝到一些"甜味"，然后再给予批评和建议，这样对方也就比较能容易接受。

卡耐基也曾经多次说过，赞美是激励员工最快捷、最实用、最经济的办法。我们通过赞美可以达到多重效果：一、可以培养员工，提高员工的自信心和工作激情；二、保证员工的工作质量，促进他工作顺利完成；三、体现一个店长应有的个人修养；四、树立店长的个人威信；五、创造良好的企业文化。所以说，在工作之中，赞美是一种武器，能够让别人更快地打开心房，接受你所提出的建议，这也是卡耐基提出的人际交往的准则之一。

第二节　化解尴尬：窘境失语并不是无药可救

逆境是一所锻炼人的学校，逆境使人备受困难坎坷，使人悲观失望，但也可以磨练人的意志。它可以催人上进，使懦弱转为坚毅，使安于现状转为奋发图强。

用智慧避免尴尬

尴尬是在生活中遇到的很普遍的一种情绪，是一种在面对窘困处境、不易处理的场面时所产生的张目结舌、面红耳赤的心理紧张状态。在这种时候，很多人都会觉得这是比公开的批评还使人难受的状况，常常会引起面孔充血、心跳加快、讲话结巴等。在职场上，在人际圈里，尴尬有很多不良的影响。其实尴尬并不是不能避免的，也绝对不是人生之中最灰暗的时刻。避免尴尬的方法有很多，最根本的就是运用智慧。即便是美国教育之父卡耐基也曾经多次遇到尴尬的处境，那么这位睿智的男人究竟是怎么化解尴尬的呢？我们不妨来看看这样一个事例：

"卡耐基课程"最开始的时候，他每周给学生们上两次课，内容多半都是给他们传授一些演讲的方式、方法。这种全新的内容很快就赢得了学生们的喜爱，因此，他不得不每个晚上都上课，学生太多了，几乎每次都要挤破教室。

尽管他的课程如此受欢迎，但是很快他发现了自己在课堂上最尴尬的时刻，每次都是他在讲台上滔滔不绝，学生们在台下聚精会神地听讲，可是一旦他要求某一位同学来对他的内容进行讲解的时候，这个同学往往会以"还没准备好""怕说不好"，又或者"我还没有想好如何运用这些原则"来推脱。

对于学生们这样的反应，卡耐基每次都只能尴尬地站在讲台上，让原本热烈的课堂气氛瞬间冷却下来。每当如此，卡耐基都觉得自己非常尴尬。

"怎么解决这个尴尬呢？"卡耐基忧心忡忡地想，甚至烦闷到在自己公寓内踱来踱去，双手不停地搓动，后来他终于想到"学生大多数是商人，是各种管理者，是成年人。他们要的是成果，而不是各种理论的灌输。所以，我要教给他们一种站立的姿势，一种谈话的方式，让他们在一场展示会或者会议中有效地表达自己的观点和想法。"

就是这一瞬间的灵感改变卡耐基的课程安排，也让他彻底摆脱了尴尬的局面。

卡耐基正是通过冷静的思考彻底化解了自己遇到的尴尬局面。后来，有人询问过他是如何做到让学生们能够在他的课堂上滔滔不绝地演讲而不会沉默的？卡耐基这样解释，其实他并没有特殊的方法，只是让学生们谈一些最简单的话题，比如孩提时代的经历、令人生气的事情以及一生中最悲伤的事等等，然后他根据他们的演讲内容，再引出话题，让他们自由地倾诉心中的感慨。事实上，很多人不善于表达，是因为他们内心深处有一种惧怕——惧怕表现自我。

改变尴尬的小技巧

在现实生活里，我们也会遇到各种各样尴尬的局面，如何来改变这个局面呢？我们不妨来看看卡耐基提供的一些小技巧：

一、随机应变，将尴尬时刻转化为自我宣传的机会

善于随机应变地处理情况不仅可以使尴尬不再那么难堪，而且能够提供不可多得的自我表现的机会。卡耐基认为，有魅力的人往往能够在人际关系之中占得非常大的优势，这就是所谓的人格魅力。但情商高和有魅力并非是一回事，换言之，情商高的人不一定全都有魅力，但有魅力的人一定情商高。

二、将计就计，化不利为有利

在很多情况下，利与不利从来就不是绝对的，而是相对而言，只要找到相对应的关键点，化不利为有利并非是不可能的事情。

三、转移尴尬

在医学上，有所谓的移痛法，是指当一种难以克服的痛苦被另一种较易克服的痛苦替代，那么前一种痛苦往往在后一种痛苦的作用下逐步失去原来的痛感。这种方法同样可以运用于尴尬时刻的自我调节。当然，转移尴尬并不是让自己更加尴尬，而是将大家的注意力转移到旁观者的身上，不过必须注意一点，你所转移的应该是善意制造玩笑的契机，而非生硬的挪动你尴尬的话题。

四、故作心理脆弱

人们普遍同情弱者，在尴尬出现的时刻你可以尝试着立即做出过激的反应，比如是懊悔不已，或是痛苦万状。总之，你一定要让人看起来是心理异常脆弱，受到了重大打击，仿佛刚才的事情已经严重地伤害到了你的自尊心，你为此大受打击。一般情况下，人们在看到你如此痛苦，也就不会再对你穷追猛打，那么尴尬也就不了了之。

五、予以强烈反击

在处理尴尬状况的时候，需要谨慎地使用方法，一旦用不好很有可能会适得其反。首先，你要充分考虑对象的身份，其次是考虑周围的环境，再次是把握反击力度。因为尴尬本身并不是多么严重的后果，充其量是一个过失，所以在决定予以反击之前，你一定要搞明白自己反击的目的何在。假如反击的结果是解脱了自己却伤害了别人，那么你绝对不要这样做；假如反击的结果是皆大欢喜，那么不妨一试。这类结果直接体现着当事人对另一方人的了解和反击力度，这个度非常关键。宗旨只有一条：利己也不损人。

六、创造令人印象深刻的"专属口号"

有很多人很怕上台说话，或者是在大众面前演讲，甚至将这当作是非常尴尬的事情来看待。其实遇到临时有人邀请你说几句话时，有一个很好的办法，那就是创造个人的"专属口号"。当然，能够使用自己原创的口号就再好不过了，但一定要让口号能表现出你的中心思想，可以传达你的处世之道或生存之道。

七、遇到挑衅别火大，拥有坚定的信念

在尴尬的时候，千万不要意气用事，冷静的思考、坚定的信念都能够让你沉着地应对各种局面。

面对尴尬，只要能做到审时度势，能够准确把握双方的心理，然后运用说话技巧，借助恰当的话语及时出面打圆场，就能够化解尴尬。这对于维护交际活动的正常进行显得非常重要。

第三节　演讲魅力：让听众心甘情愿为你鼓掌

语言是一种艺术，也是一种窍门，一个人只有掌握这种巧妙的方法，充分利用自己的三寸不烂之舌，才能获得成功。

演讲传递内心的自信

谈话，对于每个人来说都是一门艺术。语言是传达我们内心深处思想感情的不可或缺的工具。或许演讲这件事情对于某些人来说是非常困难的，因为并非每一个人都有这种天赋，就连卡耐基最初也没有这样的天赋，但是他通过自己的努力，成功地走上了演讲台，并且得到了听众的认可。

卡耐基自幼家境贫困，他在进入瓦伦斯堡州立师范学院之后，注意到一个很普遍的现象：学院辩论会及演说赛非常吸引人，胜利者的名字不但广为人知，而且还往往被视为学院的英雄人物。他非常美慕那些能够在讲台上滔滔不绝的人，并且渴望能够成为那样的人。可那个时候，因为家境原因，他很自卑，他没有一件像样的衣服，更没有帅气的外表，甚至连说话都不敢太过大声，这样的卡耐基如何能走上讲台进行演讲呢？

卡耐基的母亲看到他整日愁眉不展的，就询问他遇到什么难题，卡耐基将自己的烦心事告诉了母亲。听到这些之后，母亲问他："你怎么不想想如何在其他方面超过别人呢？"

卡耐基听完，陷入了深深的思索，的确在外在上，他没有任何资本能够战胜别人，但是他可以通过努力改变自己的内在，让自己变得学识渊博。卡耐基开始频繁参加演讲比赛，想要借此来锻炼自己的口才，后来他自己回忆道，他至少参加了 12 次演讲比赛，却屡战屡败、屡败屡战。在那个时候，他倍受打击，甚至开始怀疑自己。

这一次，依旧是母亲的鼓励让他重新振作起来。这个时候，他深刻地认识到自信的重要性。于是他开始再一次练习起演讲，为了不受到打扰，他常常跑到河边，一边大声演讲，一边夹杂着各种手势。据说有一天，他投入的演讲让附近的农民以为遇到了疯子，甚至报了警，直到警察气喘吁吁地跑过来询问他到底要干什么，他才知道发生了什么。

功夫不负有心人，只要不断地努力，就一定会获得成功。1906 年，戴尔·卡耐基以"童年的记忆"为题发表演说，获得了勒伯第青年演说家奖。

演讲，并非是枯燥地讲述稿件上的每一个字，更重要的是传递演讲者对于这篇稿件的认识，传递演讲者的自信和精神。我们常常看到在很多演讲中，演讲者本身就是慷慨激昂的人，这样才能激发听讲者的情绪。

让听讲者参与到演讲中

一场成功的演讲绝非是一场只属于演讲人的高谈阔论，更重要的是要让听众和你产生情感上的共鸣，让他们真正走入你演讲的内容，只有这样，才能称之为一场成功的"讲解"，才能让观众为你心甘情愿地鼓掌。

卡耐基在自己的著作之中，多次提到过一次演讲，这场演讲给他留下了深刻的印象。

1903 年，学托扩湖演说者在瓦伦斯堡进行了一次演说。卡耐基记得，那位演说者是位旅行家，在一开始，他就环视着听众大喊道："一个农村男孩，无视贫穷，他甚至不顾眼前的一切而努力奋斗，他一定会成功的！"紧接着他问道，"谁将是那个男孩呢？"

所有听众都左顾右盼，想要看看谁是那个即将成功的男孩。紧接着，演说家又说道："各位先生、女士，你们正看着他呢！"说完这句话，演说家指了指听众们所在的方向。

卡耐基印象非常深刻，因为他觉得演说家所指的人就是他自己。可是后来他才明白，其实在座的所有听众都觉得演说家指的人是自己。

其实在众多场演讲中，这绝对算不上一次上乘的演讲，但是卡耐基却因为这随手一指记忆犹新，这随手一指也就是让听众参与到其中的关键所在。这样一来，不仅能够让观众更好地理解演讲的内容，而且非常容易被演讲者带动情绪。卡耐基曾经也有一次不为人知却非常成功的演讲：

有一天晚上，卡耐基正赶往回家的路上，可他突然发现，虽然这条街上很多门窗都关了，路上的人却很多，还有许多来来往往的自行车和高声谈笑的人群。卡耐基觉得很奇怪，就走过去想看看究竟是怎么回事。

当他越靠近人群越发现，一些年轻人、中年人聚在一起，男男女女地混杂着，仿佛在讨论着什么问题。突然有一个金发女子对着他说："先生，你好！"

卡耐基回头望过去，也很礼貌地回道："你好。"

金发女子问道："尊敬的先生，请问你是否听过今天的营销课？我想弄清楚那些所谓的'商业理念'是怎么回事，请问您是否能够给我讲解一下呢？"

原来这里这么热闹，正是因为这个金发女子不停地询问路人，而大家也非常好奇，想要了解这方面的内容，于是就聚集在一起，相互讨论起来。卡耐基一下子抓住"商业理念"这个词，于是站在人群中就不自觉地演讲起来："现如今，工业化、都市化及外来移民这三大力量，成就了我国商业的蓬勃发展，纽约早已成了全美的商业中心和商业象征。又因为铁路的快速发展和汽车工业的形成，这让工厂和零售商为此开发出极大的国内市场；当然，除此之外还有电报电话等电讯事业的突飞猛进。所以，商业越来越进步和发展了。而随着制造业和商业的快速变化，有很多商人的角色也有了迅速的转变，中间经理人这种新行业也随着多元化的商业应运而生。这时候，新的管理技巧、组织方式和控制方法就成了必要的条件。还有，商店组织化、权威阵线、注重责任及讲究沟通都在逐步发展。所有这些就构成了现代的'商业理念'。你必须明白，商业理念是个系统化的概念！"

听到卡耐基这番话，不仅金发女子，就连在场的所有听众都被他吸引了，他们也纷纷就自己生活里遇到的各种"商业理念"展开了热烈的讨论。

演讲的小窍门

一、先肯定别人获得好感

在与人交谈的时候，有一个大忌，那就是千万不要在谈话一开始就讨论你们意见有分歧的事情。在谈话开始，先强调你们都同意的事，继而再去讨论你们双方都在追求的同一目标，进而互相了解你们之间在追求共同目标时唯一的区别是什么。所以，善于讲话的人，常常会在谈话初期，先肯定对方和自己意见相同的地方，从而将对方的心理引导到肯定的方向。如果我们要告诉别人他是错的的时候，不要忘记了赤足的苏格拉底的方法，即先问一个温和的问题——一个能得到"是"的回答的问题。

二、简单而又有效的当众说话的方法

很多人都有这样的担忧，觉得自己在大众面前表达自己的观点时，可能会遇到别人的各种质疑，正因为有这样的担忧和顾虑，所以很难真正自信起来。那么，不妨问问你自己，如果有人站出来反对你的观点，你是否有把握成功地为自己辩护呢？如果有的话，你的演讲题目一定合适，所以请一定自信起来。要想知道一个话题有没有价值和趣味，最好的方法就是自我检验，先问自己对它有多感兴趣。什么才是适合的题目？

只有你亲身经历过它，或者你经过思考之后使它属于你的一部分，那么，你就可以肯定这个题目适合你。

所以，要真正演讲成功，演讲者必须使听众觉得你所说的这个话题很重要。你不仅要自己对这个话题具有很强烈的热情，还必须把这种热情传达给听众。历史上著名的雄辩家都具有这样的本领。

三、说话时充满旺盛的生命力

在演讲的过程中，生命力、活力及热情这三种要素，是演讲者必须具备的基础条件。人们在精力充沛的演讲者周围，就像野雁围着秋天的麦田旋转。要让人们对你演讲的题目感兴趣，其实方法很简单——只要激发你自己对题目的狂热，就不用担心无法激发人们的兴趣了。每个人对自己的生活必然会有强烈的信仰，所以你不必四处寻找，它们通常就在你的意识当中，你时常都会想到它们，如有必要，你随时都可以借用。自古以来，雄辩都是来自于演讲者的强烈信念和自信。真诚是建立在信仰之上的，而信仰则出自内心当中的热忱，出于头脑的冷静思考。

四、说明问题的技巧

语言是沟通的桥梁，所以我们不能只是粗浅地了解它，而应该精确地掌握它，学会合理、正确地使用它。

凡是可以想到的事情，都是可以清楚地思考的；凡是可以说出来的事情，也是可以清楚地表达出来的。用你所能想到的最简单、最自然的方法，让听众了解那些不知道的事物，为了消除他们的陌生感，你可以将这些事情和他们已经知道的、非常熟悉的事物联系起来。如果你是一位专业人员，那么当你向外行人演讲时，必须万分小心，尽量避免晦涩的专业用词，而是要更多地使用通俗的语言来解释，同时还应注意加上必要的细节说明。

五、说服听众的技巧

在一个人说话的时候，口吻中真诚的态度会让他的声音焕发出真实的光彩。相反，虚伪的人绝对假装不出这种感情来的。所以，那些有技巧的演讲者，在演讲一开始便能获得听众的赞同，甚至可以借机引导听众，让听众朝着赞同自己的方向前进。所以，想要展开一场讨论并最终获胜的秘诀，就是先找到一个大家都赞同的观点。

六、完善培养说话风格

关于演讲，曾经有人这样概括过："演讲中能获得听众信任的因素，是演讲的态度，而不是演讲稿的词句。"确切地说，演讲最重要的就是态度和观念。一个在说话时态度温和、面带笑容的人，往往能很快赢得别人的信任，博取别人的好感。听众们也都愿意看到这样的人获得成功，甚至从内心深处非常愿意支持他，不是吗？所以，当你演讲时，你自己内心当中的冲动和欲望才是最值得信任的，比教授所能给你的指导都更有价值。

七、走向成功的秘诀

得出的表达和阐述方式、正确的遣词造句、真诚而热情的说话风格等，这些都是使演讲者的思想能够得到完美传递的保证。在当众说话时，演讲者的心里应该想到自己的目的，要使目的清楚而明确，不管是演讲内容还是演讲的态度方面都要如此。所以，年轻人不要担忧自己没有受过高等教育而无法在大众面前畅所欲言，其实，只要在每天的生活和工作中，敞开心扉，真诚而大胆地直抒己见，长此以往，就可以获得美好的结果。

在成功者的行列当中，只有极少数人具有天赋，而大部分人不过是平常之人，坚持不懈正是他们取得成功的秘诀。普通人只要有胆量、有目标，最终就能够到达事业的顶峰。

第四节　传递乐观：上帝也会对你微笑

人这一生的改变会遵循一定的轨迹，即结果决定于行为，行为决定于态度，态度决定于信念，信念决定于自我期望。

对待未知，担忧不如乐观

在现实生活中，人生不如意之事十之八九。如果说，生命就像一支交响乐，它之所以动人，就在于它的曲调有高潮也有低谷，有高音也有低音。与其捂住耳朵，拒绝接受那些生命中的"低音"，倒不如去坦然聆听它们。最后，我们将会发现，正是这些最初让我们不敢接受的"低音"，才让我们的生命更加精彩。在这些"低音"之中，保持乐观，才是我们勇敢面对生活的最佳办法。

卡耐基在自己的"卡耐基课堂"里常常遇到很多学员向他吐露内心的郁闷，他虽然不能真正地去帮助他们解决生活上的困难，但是他却通过各种教程，教会他们去面对生活的态度，那就是——乐观。

"卡耐基课程"里有一个学员叫作亚瑟·罗勃兹，有一天，他遇到了一个非常大的难题，他年仅 19 岁的儿子，竟然要靠搭便车跑遍美国。儿子的这个决定吓坏了亚瑟和他的太太，他们常常在脑海里想象着，现在治安这么差，儿子会不会遇到劫匪，会不会遇到车祸……久而久之，即使儿子按照约定天数报平安的电话也无法让亚瑟和他的妻子感到安心。

没过多久，亚瑟的精神状态就出现了恍惚，卡耐基注意到了这一点，就主动询问究竟发生了什么。亚瑟并没有隐瞒自己的担忧，如实对卡耐基讲述了自己的担忧。卡耐基听完后，微微一笑询问道："亚瑟，你这么担心，可是你有没有问问自己，根据概率，你所忧虑的事发生的机会有多少？"

一语惊醒梦中人，亚瑟这才发觉，其实自己的担忧完全是多余的。在他年轻的时候，他也曾经做过很长一段时间背包客，充分地享受了这份说走就走的旅行的快乐，而非是担忧。几个月过后，亚瑟的儿子安然无恙地回到家中。后来，亚瑟也曾多次表示，如果不是卡耐基告诉他要乐观去面对生活，或许他和太太早就因为担忧而崩溃了。

面对生活，常常使我们忧虑的另一种情形是：我们期盼一件快乐的事，但是又害怕会发生另一件事来破坏这种快乐。新娘子怕结婚当天下雨，孩子们担心会发生什么事使他们不能去野餐，父母恐怕他们去度假的时候孩子会生病……但是发生这些情况的机率真是太微小了，而我们却要因为过分担忧而变得多疑，让生活充满了忧虑。

在你的心目中，你认为自己是什么人，你就会成为什么人。如果你认为自己是一个平平淡淡的人，那么你这一生很有可能就真的是平平淡淡；如果你认为自己注定是一个不平凡的人，或许你就有可能会干出一番大事业。所以，积极思维者，得到积极的结果；消极思维者，得到消极的结果。这绝对不是幻想，每个人思考问题的方式会决定了每个人的人生样态。对事物的看法没有对错之分，只有"积极"与"消极"之分。

其实，事情的本身并不能真正影响到我们的未来，但是，它会影响我们的感受。所以，事情本身没有绝对的对错之分，这取决于我们或积极、或消极的态度，而最终，每个人都要为自己对待事物的态度承担所产生的结果。用积极的态度去面对事物，永远都能找到积极的解释，然后寻求积极的解决办法，最终得到积极的结果，而积极的结果又会正向强化他积极的情绪，使他成为更加积极的思维者；而采取消极态度的人则恰恰相反，他们永远都会找到消极的解释，并且总能找到为自己开脱的借口，最终得到了消极的结果，而这个结果很容易逆向强化他消极的情绪，使他成为更加消极的思维者。

曾经有这样一个笑话：有个乐天派从 12 层楼掉下去，每经过一层楼的窗口，他就对在窗户里心惊胆战的朋友高喊，"瞧，我现在还没事呢。"

虽然这只是一个笑话，很多人听完之后都会觉得这个乐天派是如此愚蠢，命都快没了，还在那里发神经。但仔细一想，其实这并不是愚蠢，而是他有乐观向上的精神。人要活得积极乐观，也就是这个故事给我们最大的启示。就好似北宋年间的高官侯蒙那样，一些人故意戏弄他，将他的画像画在纸鸢上，高高放飞。原本这些人只是想看着侯蒙出糗，但没想到的是侯蒙看到之后哈哈大笑，并在纸鸢上题词笑谈自己"当风轻借力，一举入高空"，更表达出自己"几人平地上，看我碧霄中"的不凡志向。后来，乐观向上的侯蒙终究成为北宋高官，功成名就。

面对困境，乐观是一种勇敢

乐观向上，是一种心胸豁达、精力充沛的表现。乐观向上，打败了斤斤计较、患得患失的小气；乐观向上，抛下了意志消沉、情绪低落的自我封闭；乐观向上，消除了举棋不定、畏首畏尾的怯懦。

一个人的成功和他乐观向上的精神是密不可分的，因为只有乐观向上，我们才能冲破感情的藩篱，甚至能在困境中高喊"不抛弃，不放弃"，才能在荆棘之中杀出一条血路，到达成功的彼岸。

"卡耐基机构"里曾经有一位叫作艾德温·惠特罗的工作人员，他担任"卡耐基课程"的顾问和讲师。1974年他身患重病，可是走访了很多家医院，却都查不出到底是什么病。后来，他接受了医生的建议，除去了身体内多处溃疡，可这些手术让他的身体迅速虚弱下去。"卡耐基机构"的同事们都非常担心他，可是惠特罗丝毫没有被病魔所影响，甚至还在电话里对同事们说，不要担心。卡耐基的乐观精神他比任何人都清楚。

　　是的，卡耐基曾经在自己的著作中、课堂上多次表示，我们要快乐地生活，想想你自己的幸福。我们常常认为自己所有的财产和好处都是我们应得的。如果我们数数我们的幸福，再用些心力，就可以克服我们的忧虑。

　　在我们的生活中，大概有百分之九十的事还不错，只有百分之十不太好。如果我们要快乐，就要多想想百分之九十的好，而不去理会百分之十的不好。

　　面对生活的苦难，卡耐基提出极为乐观的解决办法。他认为苦难是生活的一部分，没有一个人可以逃得掉。他建议我们学着去应付问题，并且接受那不可避免的苦难，但不必为苦难而忧虑，因为这比问题本身对我们更有害。

　　卡耐基为了让我们更进一步地了解他的看法，建议我们把看起来对我们好像是麻烦的问题去和那些比我们情况更糟的人的问题相比。他引述了两段不知名的作者的话：

　　"我因为没有鞋子，心里感到难过，我走到街上，竟然看到一个没有脚的人。"

　　"人们之所以感到忧虑，很普遍的一个原因是想胜过别人或想做某一个人。我们每个人都必须做我们自己，我们不可能完全像另一个人，我们如果想用一种不属于我们的方式去做一件事情，是不可能成功的。"

第五节　抛橄榄枝：以柔善的方式赢得人心

当你试图去改变别人看法的时候，那一定是很困难的。如果我们用强迫的手段，更不能让他接受你的意见，但是如果我们用温和的言语，和善的开导，反而可以让他欣然同意你的观点。

传递友善是好的开始

很多年轻人都会碰到这样一个情况：在生活中，我们不可避免地会和别人发生冲突，不管原因是什么，你会很自然地认为，这个人是在针对自己，尽管自己有错误，但你却会认为自己绝对不是唯一犯这个错误的人，为什么别人就不被批评、不被责难。

当然，这种情况并不仅仅只发生在工作中，甚至有可能发生在生活里，挑剔的父母，易怒的丈夫，又或者是唠叨的太太，每个人都可能会遇到。但是我们内心都应该非常清楚地了解，几乎所有人都不愿轻易改变自己的看法，这并非是一种固执，而是在成长环境之中既定而成的人生观、价值观，并不容易被改变。所以，当你试图去改变别人看法的时候，那一定是很困难的。如果我们用强迫的手段，更不能让他接受你的意见，但是如果我们用温和的言语，和善的开导，反而可以让他欣然同意你的观点。

卡耐基曾经在自己的著作《影响力本质》中讲述了一个因为友善而

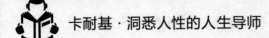

平复的罢工运动，我们不妨来看看卡耐基所讲的这个故事：

小约翰·洛克菲勒对这一真理的体会也许比任何人都深刻。

1915 年，美国工业正经历着最血腥的罢工，并且时间已经在科罗拉多持续了两年之久。那些愤怒、粗暴的矿工们纷纷举着牌子，拉起横幅围攻在工厂门口，他们用这种方式要求小洛克菲勒所在的科州煤铁公司必须提高工资。由于公司物产被破坏且影响非常恶劣，所以公司就寻求警方的帮助，这导致了多起流血事件。眼看双方的矛盾已经尖锐到了无法调和的地步，工人们提到洛克菲勒也都是恨得牙根痒痒。

在这充满仇恨的气氛下，洛克菲勒却成功地让罢工者接受了他的意见。那么，他是怎么完成了这个不可能完成的任务的呢？

其实，洛克菲勒心里非常清楚，工人们恨的并不是他这个人，而是他所在的职位以及这个工厂，只要能够切身替工人们思考，这些所谓的仇恨根本就不存在。所以，他花了几个星期的时间和这些工人们结交朋友，让他们知道自己并非是他们的真正敌人，然后对工人代表发表演说。

就是这篇堪称杰作的演说神奇地扭转了当年的局势——它不但平息了几乎吞噬工人们的仇恨风暴，还让洛克菲勒赢得了不少崇拜者。他用极其友善的口吻陈述事实，使得罢工工人自愿停止谈论涨工资，回去工作。看看这篇著名的演说在开场白的字里行间流露出来的善意吧：

"今天，是我一生中都值得铭记的日子，也是我人生中非常重要的一天。我第一次有幸见到这家公司的劳方代表、职员和监工。可以很诚恳地告诉各位，能到这里来我深感荣幸。如果是两个星期之前就召开这场聚会，或许我对各位会陌生，只能认得其中的几个人。但是，上周我有机会去看了南方煤矿所有的工棚，并且和个别代表们进行了谈话，我见到了当天除了不在场的每一位代表。我拜访了你们的家庭，也见了各位的妻儿，所以，今天我们以朋友的身份再次见面，而不再是陌生人，因为我们之间已经有了友善互爱的精神。我很开心大家给我这个机会，让我和各位一起讨论有关我们的共同利益。既然本来决定是由厂方职员和劳工代表一起参加这场聚会，那么我既非员工代表，也不是劳动代表，却还能参加这场聚会，全靠各位的支持。我深深感觉到，我跟你们有着十分亲切的关系，因为就某一点来说，我代表了股东和董事们。"

洛克菲勒放下了自己的身份，和这个工厂的工人们成为朋友，这一行为本身就代表了一种平等，一种真诚的关怀，所以工人们也很快就接受了他的好意。这不是一个化敌为友的最好的例子吗？如果洛克菲勒采取其他比较强硬的办法，比如和工人们争论，比如对他们进行恐吓，那之后呢？只能引发更多的愤怒仇恨和反抗罢了。

柔善的方式往往能达到更好的效果

早在 100 多年前，林肯就曾经说过这样的话："一滴蜂蜜，比一加仑的胆汁，可以捕到更多的苍蝇。"我们对人也是如此，如果要人们同意你的见解，就先让他相信你是他忠实的朋友，那就会像一滴蜂蜜，赢得了他的心，你也就能走向宽敞、辉煌的成长之路了。

一滴蜂蜜赢得他人心，这种谈话技巧适用于任何场合、任何职业，就连言语犀利的律师行业也不例外。在我们的印象之中，律师在法庭之上一定会言辞犀利、咄咄逼人，似乎只有这样才能让陪审团、法官相信

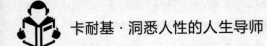

自己的辩护，但其实换一种方式，或许能够收到更好的效果。

丹尼尔·韦斯特是一位非常成功的律师，他彬彬有礼，样貌英俊，谈吐得体。哪怕是在替人辩护的时候，他也只提出自己的见解，从来不作无谓的争辩。在辩护的过程中，他也是尽量运用极温和的措辞来引述他自己最有利的理由，比如："这一点需要陪审团多做考虑""这些也许值得大家思考一下""相信在场的各位都不会忽略这个事实""各位，相信你们基于人性的了解，很容易看出这些事实的重要性"……

言语温和，从不威吓，不逼迫，更不会将自己的意见强加于人，丹尼·尔·韦斯特用的就是这种友善的、轻松的方法，而这个方法让他声名远播。

狄恩·伍考克是宾夕法尼亚州匹兹堡一家电力公司的部门主任。一次，他的下属们负责修理电线杆上的一种装备。在此之前，这个工作是另一个部门的，最近才分配给伍考克的部门。所谓术业有专攻，他的下属们虽然接受过这方面的训练，但实际操作却是第一次。所以，公司里的人都想看看他们能否能够胜任。伍考克为了确保进度，就和几个组长，以及公司其他部门的人，去现场看这两人工作的情况。

到了现场，伍考克突然发现有个人用相机拍下了当时的情景。一般情况下，电力公司都很注意自己的公众形象，伍考克立刻想到，在这位拍照的路人眼里，几十个人看两个人工作，简直是资源的一种浪费。于是，他走到街上和那位带照相机的人说："你对我们的工作好像很感兴趣啊。"

"不错，不过我母亲会更感兴趣。她买了你们公司的股票，这能让她看清你们公司。也许她会想通买你们公司的股票是个错误。这么多年来，我一直告诉她你们这样的公司很会浪费，这个情况恰好能证明我说的是正确的。这些照片或许还会引起报社的兴趣。"

"看起来的确是这样，如果我是你，肯定也会这么想。但这次情况比较特殊……"狄恩·伍考克将公司的情况向他解释清楚，并且向那个人保证，一般情况下两个人就能完成这项工作了。那个人听完了这个解释之后，觉得伍考克说的是实情，并且也为伍考克能耐心为路人解释这么多表示了自己的感谢，最后他收起照相机，和伍考克握手后离开。

或许如果这样的事情发生在其他人身上，他们都不会在意有这样一个外人正在用相机记录，但是伍考克非常敏感地发现了这一点，并且通过自己友善的态度和诚恳的解释，让公司避免了可能遭受的不好的名声。

所以，我们要永远谨记林肯所说的那句话："一滴蜂蜜，比一加仑胆汁，可以捉到更多的苍蝇。"当你想获得人们的赞同时，不要忘了以友善的方式开始。

第六节　换位思考：站在对方的立场说话

聪明的人借助经验说话，更聪明的人根据经验不说话。

——古希腊寓言

站在他人的角度

或许有人会很纳闷，不说话怎么交际？其实，在很多场合下，不说话也是一种聪明的交际，尤其当你的语言表达能力和交际能力还不够成熟时，不妨选择最好的方法——站在对方的立场说话。

卡耐基有两句这样的智慧金言：

1. 聪明、宽容、特殊的人，会去站在别人的角度看问题。

2. 永远按照对方的观点去想，站在他人的立场去看事，一如由你自己的一样，这对于你的事业一定会有很大的帮助。

所以，当我们在面对某一个问题时，如果只从自己的角度去考虑，而不顾及其他人的感受和认知，往往会出现认知偏颇，甚至导致局面很难控制，伤害他人。相反，如果我们能做到凡事设身处地的、站在他人的角度去思考，或许原本很难解决的问题可能就变得容易多了。

生活中，我们会经常遇到这样的事：一个人犯了错，他却不以为然，反而将所有的错误归结到其他人身上。仔细想想我们身上是否也有这个问题呢？其实碰到这样的情况，应先要自省，不要轻易地责怪他人，因为这种做法非常不明智。聪明、宽容的人会站在别人的角度看问题。

在职场上、人际关系圈子里，任何一个人都是独立的个体，他们之所以会有那样的思想和行为，一定存在着自己的原因和理由。如果想要维护好这样的关系，在双方发生矛盾的时候，我们要做的不是互相指责，而是努力寻找出其中隐藏的原因来，这样一来，你便得到了了解他人行动或人格的"钥匙"，而要找到这种"钥匙"，就必须设身处地地站在他人的立场去思考。

所以，遇到这类问题，卡耐基建议，首先要先告诉自己："如果我处在他当时的困难中，我是怎样想的，会做些什么？"这样能够节省许多时间，消除许多烦恼，还可以增加许多处理人际关系的技巧。

有一天，戴尔·卡耐基想要聘请一位秘书，就在报上刊登了一则招聘广告，很快，就有大约三百封求职信涌来。卡耐基很仔细地看了所有的求职信，可是他却发现这些内容几乎是一样的："我看到周日早报上的广告，我希望应征这个职位，我今年二十几岁……"

其中有一位女士的求职信引起了卡耐基的注意，她并没有谈到她所想争取的，而是谈了很多卡耐基需要什么条件的内容。她的求职信是这样写的：

"敬启者：您所刊登的广告可能已经受到了两三百封的回复，我相信这些都让您非常忙碌，或者您都没有时间一一阅读。不过，您只需拨个电话到XXXX，我非常乐意到您的公司去帮忙整理信件，从而节省您宝贵的时间。请相信我，我有 15 年的秘书经验，一定能够胜任这个简单的工作。"

看到这封信之后，卡耐基没有半点犹豫，立即打电话请她前来。后来，卡耐基说："像她那样的人，永远不用担心找不到工作。"

学会换位思考，遇事能够设身处地站在别人的立场上思考问题的人，永远能在职场上找到适合自己的位置。

换位思考也就是员工能站在老板的角度去思考一些问题，充分理解老板的苦衷，想老板之所想，急老板之所急。像老板那样思考，像老板那样追求，像老板那样奉献，像老板那样行动，你就已经具备了成为老板的素质和能力。

投其所好，以心换心

站在别人的立场上分析问题，能给其他人一种"为他着想"的好感，所以具有极强的说服力。要做到这一点，也有一个很重要的前提，那就是知己知彼。卡耐基表示，只有这样才能做到真正站在对方立场上考虑问题，想他心中所想。

卡耐基表示，如果想要使他人认同你，按你说的去做，你就应该遵守下面的原则——设身处地站在对方的角度看事情。我们不妨来看看另一个例子：

乔·吉拉德是美国著名的推销员，他是"吉尼斯世界纪录大全"认可的世界上最成功的推销员，曾经有过无数次辉煌的推销经历。而在他的职业生涯里，他曾经有过终身难忘的一次教训。那是在他与一位客户洽谈顺利、马上就要签约的时候，对方却突然变了卦，说什么也不同意签约。为了弄清事件的缘由，当天晚上，乔·吉拉德就找到了客户的地址，并拜访了这位客户。

客户打开房门，一看是这位已经被他拒绝的推销员，就询问："找我有什么事情吗？说什么我都不会再和你签约了！"

乔·吉拉德非常真诚地说："此次我来，并非是要让你继续和我签约，但我有一个不情之请，希望您能够告诉我究竟问题出在哪里？"

客户见他满脸真诚，也就不再隐瞒，实话实说："我之所以拒绝了你，是因为你始终都没有认真在听我的话。当我们准备签约之前，我兴致勃勃地谈论我即将上大学的儿子，我并不期望你能够有多么热情回馈于我，但你当时竟然自顾自地跟别人通电话，让我觉得我很不受重视，所以一气之下就改变主意了！"

或许乔·吉拉德根本想不到，此次合作失败的理由竟然是这样微小的一个细节。在很多人眼中，这个客户就是没事找事，他们甚至根本不认为乔·吉拉德有什么过错。可是成为了最伟大的推销员的乔·吉拉德却不这么认为，他懂得客户的需求，也领悟到"倾听"的重要性，这件事让他认识到如果不能自始至终倾听对方谈话，认同客户的心理感受，难免会失去客户的心。

所以，在和其他人交谈的时候，不要轻易作出判断，更不要过早说出结论。这是一个人容易忽略的地方，我们常常在别人面前习惯性地侃侃而谈，却丝毫不在意倾听他人的意见，这样一来沟通就会被迫停止。所以要有足够的耐心，多听听别人的意见，直到事情清楚。

有经验的人都知道，在很多时候，沉默是金，这是铁一般的规则。有时候语言比任何失误都会造成无法弥补的裂痕，说得多就意味着错得多，所以还是少说为妙吧，除非到了非说不可的时候。在销售中，这句话就更是至理名言，若是给顾客下订单时，对方出现一会儿沉默，你千万不要以为自己要去说些什么，以此来坚固别人的购买想法；相反，你要给顾客足够的时间去思考和作决定，这样他们也会感觉到自己被重视。千万不要自作主张，打断他们的思路，否则你就会后悔莫及。

在与人交际的过程中，学会倾听别人的意见，你会有意想不到的收获和机遇。相反地，如果只是一味地表达自己的意见，会让人对你的谈话不感兴趣，你也无法说服对方。总之，掌握好倾听这门技巧，你就能够在交际中取得更大的收获。

第七节　旁敲侧击：适当给对方提建议

其实，每个人都愿意按照自己的意愿去做事情，我们都喜欢别人征询、尊重我们的愿望、需求和意见，而不喜欢别人把意见强加于我们。那么，我们更应该这样对待别人。

保全他人的面子

卡耐基曾经有这样一句金言："保全他人的面子，使其乐于接受你的建议，让他觉得自己很重要，使之发挥高度的责任感与荣誉心。"相信很多人都非常了解面子在人际交往之中的重要性，尤其是中国人的交际圈内，面子更是非常重要。但我们现在所说的面子，更多的是指别人的尊严和感受。而这一点，可以说是国际通行的标准。

1915 年，第一次世界大战时期，欧洲绝大多数国家都卷进了这场规模巨大的战争之中，这在人类的历史上从未有过。

对于这场世界性的战争，美国政府感到极为恐慌。人们盼望的和平还会出现吗？没有人知道这一点。但当时任职的美国总统托马斯·伍德罗·威尔逊却希望能够凭借自己的能力去尝试改变这种现状，但是如果这样做，就必须派一位私人代表作为和平特使，前往欧洲与军方进行协商。

国务卿勃拉恩一直主张和平，他很想获得这次机会，代表美国去欧洲传播和平，而且如果得到这次机会，他就可以立下大功。

但是天不遂人愿，他的好友赫斯上校被选中了。这对赫斯上校来说是一种荣誉，也是一份责任，更重要的是他知道这个消息一定会让勃拉恩不高兴，甚至很有可能会影响到他们的友谊。

但是他却用了一句话改变了这种尴尬的局面。当时勃拉恩刚一听到选中的人名不是自己的时候，脸上立刻就呈现出失望的神情。这时，赫斯上校走到他身边，对他说："这件事情虽然很重要，但是人选方面肯定会非常谨慎，您作为美国国务卿前往，目标会太明显，会引起其他国家的注意，毕竟国务卿对于美国本土来说太重要了。"就是这样一句话，让勃拉恩突然意识到，即便是自己没有被选中，也有很多非常重要且有意义的事情等着他去做，这并不能算什么损失。

这样一句看似无意的话，却等于一个信号、一个讯息——勃拉恩太重要了，不适宜这一工作。这样一来，就能够使勃拉恩获得了一种满足。

所以，赫斯上校在处理这一事情的过程中遵守了人际关系的重要准则——让他人觉得自己很重要，而这一准则永远会让对方乐于做你所提议的事。

那么，一个想要有良好人际关系的人，应该怎么做呢？我们不妨记住下面的几点建议：

1．要诚恳，不要答应你无法兑现的事，忘掉自己的利益，专心为别人的利益着想。

2．要确切地知道你希望别人做些什么。

3．替别人着想。问你自己，别人真正想要的是什么。

4．思考一下别人若照你的建议去做，利益何在。把这些利益和他的需要整合一下。

5．当你提出你的要求时，要让别人感觉他将会因此而获益。

所以，假如你想在不招致对方怨恨、不满的情形下改变他、指正他的行为，那么，就别忘了卡耐基的智慧金言。

旁敲侧击，让别人去领悟

在与别人交谈的时候，我们常常会有这样的感受，如果对方总是在强调自己的看法，甚至不顾及你的感受和意见，那么你就会认为这一场谈话是非常不顺利、不愉悦的。我们在和别人进行交流的时候就要格外注意这一点。就如同卡耐基的智慧金言："不要直接向他人提出自己的看法，而是对他们的提出引导性的意见，最终让他得出结论！不要轻易把自己的意见强加于别人，这样只会让别人反感，聪明的人会让别人觉得那是他们的主意！"卡耐基在他的著作《卡耐基快乐的人生》中，曾分享过这样一个故事：

阿道夫·赛兹是一家汽车展示中心的业务经理。曾经有很长一段时间，他发现自己公司的业务员个个精神萎靡、作风懒散，这严重影响到了公司的业绩和形象。作为业务经理，他觉得很有必要改变这种状况。

于是，他叫来了所有的业务员，在公司内部召开了一次业务会议。在会议上，他并没有在一开始便责备业务员，反而是鼓励大家说出自己的想法和期望，并把大家的意见写在黑板上。

当大家都表达完自己的意见之后，阿道夫·赛兹向大家保证："我一定会想尽办法来满足大家的愿望。可是，你们知道我对你们有什么样的期望吗？"接下来，他便借机提出了自己的要求——忠诚、进取、乐观、团队精神、每天8小时热心地工作等等。

这场会议结束后所得到的效果是每个业务员都觉得精神百

倍，干劲十足，甚至有个业务员愿意每天工作 14 小时。当然，公司的业务有了一个很大进步。

事后，赛兹总结道，"这就好比做道德交易，如果我实现了自己的诺言，他们也会实现他们的诺言，这一点我深信。所以，我只是在征求他们的愿望和期待，并不强迫他们，这一做法刚好满足了他们的需要。"

旁敲侧击，并不是把某件事物、某个人、某种观点直接地说出，而是仅说出与它们有关联的方面，让对方猜测自己的言下之意，最终达到说服别人的目的。卡耐基曾经在自己的著作之中多次表示，在人际交往的过程中，我们如果想要劝阻某一件事情，那么就要避开正面的批评，而用旁敲侧击的方法暗示对方。

第 2 章

游刃有余，社交魅力势不可挡

有些人注定成为人群中的焦点，或许他们并不真正美丽，也并非是男神、女神，而是他们天生就有一张巧嘴，言别人所不能言，论别人所不能论，展现出他们的个人魅力。

第一节　软硬兼施：红脸白脸都要唱

红脸、白脸技巧的原理是：在谈判中，一会儿给对方痛苦，一会儿给对方快乐，让谈判对手的思绪上下浮动，借此打乱对方的计划部署，从而达到使对方退让的目的。

软硬兼施策略

卡耐基提出，在商务谈判中，有这样一条很重要的原则："软硬兼施策略"。何为"软硬兼施"？其实非常容易理解，就是指对原则性问题毫不退却、细节问题适当让步的一种策略。在谈判时，如果对手非常强势、咄咄逼人，那么我们就可以在坚持原则的前提下做一些顺水推舟的工作，等到对方态度软化之后，我们再发动反攻，力争反败为胜。

通俗地讲，这种策略又叫作"红白脸"，它的具体做法有两种：一种是两个人分别扮演红脸和白脸；另一种是个人同时扮演红脸和白脸的角色。

在谈判的时候，我们应该掌握一定的技巧：在初始阶段，应该先让"唱白脸"的人出场，他可以傲慢无理、苛刻无比、强硬僵死、立场坚定、毫不妥协，这会让对手产生极大的反感，并且感受到强大的压力，进而谈判会进入僵持阶段。此时，"红脸人"出场，他会表现出体谅对方的难处，以软化的态度，照顾对方的某些要求，甚至可以放弃自己一方的某些苛刻条件和要求，做出一定的让步。当然，"红白脸"策略的使用也有一个前提，那就是在对手缺乏经验，很需要与你达成协议的情境下使用。

在平时的生活里，我们不能非常明显地这样做，毕竟"一滴蜂蜜比一加仑胆汁粘的苍蝇更多"，用一滴蜜去润泽一个人的心，这才是聪明的做法。时常对别人发火，出言不逊，你会感到解气，却会让对方难受。你那火药味十足的口气，充满敌意的态度，只会让对方和你作对。

或许有的朋友会问，在现实生活里，这种张弛有度的谈话技巧是否有用武之地呢？答案是肯定的。有时候我们总会在他人面前发表自己的见地，需要说服别人听从自己的意见。

威尔逊总统说："假如你对我握拳头，毫无疑问，我的拳头会攥得更紧。但如果你对我说，'让我们坐下来交换一下意见，看看为什么我们会有分歧？'我们会发现，分歧并不大，不同的观点也很少，而相同的看法有很多，因此，只要我们互相耐心地交流，以诚意待人，我们就会互相理解。"

"红白脸"策略的谈判技巧

或许很多人都在思考这样一个问题，"红白脸"策略的确非常有用，但是唱红脸的人怎么收场？又或者如果唱白脸的人还未登场，双方就已经谈崩了，这又怎么处理呢？是的，这些问题似乎并没有标准答案，毕竟每一场谈判都是独一无二的，本身就具备一定的独特性，但是谈判技巧还是有的。

想要善后就要看当初破局是怎么形成的。一般来说，解决方案大致可以分为两种情况：

第一种情况，也是最常碰到的：忽略掉曾经的争执，以不变应万变。尽管谈破了，但买卖不成仁义在，这次不行下次继续谈，就像什么事都没发生过一样。今天破局了，对方拍桌、掀桌，我下次还是约你再谈，一点都不把这事放在心上。但是，这就关系到谈判的人必须有高智商、高情商，尽管对方破局了，你就把它当作是对方玩给你看的，你还是能继续谈，将它忽略。

第二种情况：破局之后换"白脸"登场。如果想要扭转已经破局的现状，"白脸"登场是一个非常好的转折点。他可以有很多借口来缓和前面的破局，比如要对方别放在心上，昨天的代表由于没有表达清楚公司的意愿，回去已经被骂了等等。但在这里还要注意策略的运用，过了多久白脸才去？是马上去，还是过了一会儿才去？这些都要根据实际情况而定。

"红白脸"技巧策略的原理是：在谈判中，一会儿给对方痛苦，一会儿给对方快乐，让谈判对手的思绪上下浮动，借机打乱对方的计划部署，从而达到让对方退让的目的。

其实，这个方法非常符合心理学原理，人在思绪上下波动的时候理智会降低，而且逻辑思维也会受到极大的干扰。这就如同说恋爱中的女人和男人是傻子同一个道理。

当然，这种策略并不仅仅适用于我们自己，如果对方使用的时候，我们也需要打起精神来辨别，不要轻易被白脸的表象迷惑，也不要被红脸的强势吓倒。

软硬兼施策略的注意事项

卡耐基曾经提出过几条注意事项，这也是我们要注意的：

扮"白脸"的人，一定要掌握示弱的度，不可太过软弱，不能毫无原则，重点是要出言在理，保持良好的形象，借此来打开僵局。

扮"红脸"的人，应为主谈人或负责人，要求善于把握火候，让"白脸"好下台，及时请对方表态。

若是一个人同时扮演"红白脸"，这个就不仅仅是考验智商、情商了,同时也考验这个人的演技。发动强攻时,声色俱厉的时间不宜过长,同时说出的话要给自己留有余地,否则会把自己给绊住。若因过于冲动而使自己处于被动时,最好的解决方法就是"暂停""休会"或"散会",通过改变时间,以争取请示、汇报、研究被动局面和化解被动局面的时间。

第二节　晓之以情:说话要传情达意

说话是口头的语言交际,不仅是人类有别于其他动物的主要标志,而且是人类数十万年来得以繁衍生息、生存发展的一种重要手段。

用最简洁的话语传递最坚定的信念

在人类社会发展已经步入 21 世纪的今天,科技与信息革命所掀起的新潮正汹涌澎湃地冲击着我们的生活。语言不仅成为人们日常生活的一个重要组成部分,更成为决定人们事业成败的一个举足轻重的先决条件。我国著名文学家朱自清就说过:"人生不外言动,除了动就只有言。所谓人情世故,一半是在说话里。"

但是怎么说话,也成为了一门学问,正所谓"一句话让人笑,一句话使人跳",足以见得说话的能力体现着一个人的内涵、素质。一个讲究说话艺术的人说出的话常常理切、词精、褒贬有节、进退有余,甚至能够陶冶他人的情操,更能体现这个人的雄才大略,提高这个人的社会地位。所以,能否掌握说话的技巧,对我们人生的成败是至关重要的。

我们在说话时,需要明确这样一个说话原则,卡耐基曾经提出,社交语言要简洁、精练,并尽可能多地承载有价值的信息,这样才能使你的说话节奏明快，让人觉得你果断、直接，表意肯定。如果空话连篇、言之无物，节奏必然拖沓，这会让人对你所说的话产生犹疑，甚至开始怀疑你说话的内容的真实性。

曾经，在纽约一家售卖公司里，有个一流的销货员提出反常的论调。他说，他已经能够让"兰草"在无种子、无草根的情形之下生长。并且根据他的经验，他将山胡桃木的灰烬撒在新犁过的土壤里，然后一眨眼间兰草便长出来了。他坚决相信山胡桃木灰是兰草长出的原因。

卡耐基听闻之后，非常温和地指出，如果他的发现是真的，那么他可以在一夜之间成为百万富翁。因为兰草种籽每公斤价值好几块钱。

可是这名销售员对自己的立论非常肯定，他立刻站起来告诉卡耐基，他没有错。他抗议说，他并未引据理论，只是陈述自己的经验而已。他说他知道自己说话的对象，并继续往下说，扩大了原先的论述，援引更多的资料，找出更多的证据，他的声音充满着真诚与诚实。

事情发展到这一步，却发生了巨大的转变。最初，有很多学生都站在卡耐基这一边，认为销售员的所言完全不可能实现，可是当销售员这般斩钉截铁地认定之后，好几个学生都站到他那边去了，许多人开始怀疑。卡耐基也知道一半以上的人将会站在他那边，于是就问那些站到他那边的人，是什么动摇了他们原先的观点的？他们都说是讲演者的热诚和笃信使他们自己怀疑起常识的观点来。

因为学生们都转变了看法，卡耐基只得写信给农业部请教这个问题。果然，农业部的人答复说，要使兰草或其他活的东西自山桃木灰里长出是不可能的，他们还提到他们从纽约收到另一封信，也是问这样的问题。原来那位销售员对自己的主张太有把握了，所以回去后也即刻写了封信。

这件事给了卡耐基一个难忘的启示。讲演者若是热切地相信某件事，并热切强烈地进行演讲，便能获得人们对他的信任和拥护，即使是他宣称自己能由山胡桃木灰当中培植出兰草也无妨。如果是这样，我们所归纳、整理出来的信念，即使在常识和真理这边，又会有多大的说服力呢？几乎所有的讲演者都会怀疑，自己选择的题目是否能引起听众的兴趣。只有一个方法保证会让他们感兴趣，那就是点燃自己对题目的狂热，这样就不怕不能激发人们的兴趣了。

尽管卡耐基知道，推销员的话是错误的，可是当推销员用坚定的口吻说出了非常荒谬的理论时，还是有很多人都因为他的口吻而选择相信他。

用最真实的情感传递最真挚的情谊

曾经，卡耐基听到一个人在演说中警告听众，如果任由人们在奇沙比克湾捕石鱼的方法继续下去，不出数年这个品种便会绝迹。他对自己的演说确实感受深刻，对它是真诚热烈之至，演说的内容及他的态度实在都显示出这一点。其实，在他起初讲话时，卡耐基也不晓得奇沙比克湾里的石鱼是什么玩意儿。他猜想多数听众也和他一样孤陋寡闻，并且缺乏兴趣。可是，这个讲演者尚未讲完，卡耐基说："恐怕我们全体已经愿意联名向立法机关请求立法保护石鱼了。"

有一次卡耐基和一行人听完演讲后，其中一个著名的英国小说家说这场演讲的最后一部分要比第一部分更令他欣赏。卡耐基问他何以如此，他回答说："讲演者本身似乎对最后一部分兴趣较大，而我一向都是依赖讲演人来为我提供兴趣的。"

在人际交往中，人们彼此的情感是相互作用与相互影响的，只有情相通，心相近，所说的话才能发挥作用，才能与对方的心灵产生共鸣。古人讲，精诚所至，金石为开。所以，想要向对方说清自己心中所想，那么就必须先了解对方的心理与情感需求，要站在对方的角度考虑，尽可能地在思想感情上接近对方，使对方产生"自己人"效应，这样才能奏效。

以情说理，关键点是要找准对方在情感上的"突破口"，也就是说，要抓住对方心理与情感上最易打动之处，将"情理"和对方的处境、个性、心思等因素紧密相连，满足其最高情感价值需求，让他心动。而且在说理过程中，还要善于适应对方情绪思路的变化，因势利导。比如，顺着对象具有的种种疑虑，层层排除；顺着其合理的见解，适时赞许；根据其两难的处境谋划协助；根据他憎恶的地方献策对付。这种揣摩情意的说理方法通常能够取得很好的效果。

将以情服人与以理服人结合起来，做到春风化雨，润物无声。晓之以理，动之以情，才能在与人交流的时候达到目的。

感情的表达必须看清对象，顾及场合，把握特定场合中交际双方的特定关系，否则，后果将是十分严重的。

第三节　欲取先予：心存善念，懂得感恩

人类之所以能够得以发展至今，和相互帮助是有着密不可分的关系的。一方有难，八方支援，这种善举不仅能跨越种族、国界，甚至能够

让整个地球上的居民紧紧相连。

赠人玫瑰，手有余香

人在世上，总会遇到些许的不如意、不满足，但只要我们心存善念，总会发现世界上的美好和闪光点。有很多时候，我们会遇到需要我们帮助的人，无论是乞讨者，还是比我们弱势的人，我们都需对其伸以援手，正所谓恻隐之心，人皆有之。

或许你会觉得，我们都是渺小的，这样的事情离我们非常遥远，即便发生了天灾，个人的能力也是非常有限，但是滴水成海，所以不要吝啬心中的善念。面对需要帮助的人，不要吝啬自己的帮助，哪怕仅仅一个微笑都可以给予他们前行的力量；哪怕是一句鼓励都可以唤起他们心底的信念；哪怕是一次搀扶都可以使他们远离危险；哪怕是一点捐助都可能改变他们的一生，而这一切对于我们来说也许只是举手之劳。

然而，在很多时候，我们面对别人的挫折或不幸，却总能找到种种借口，漠然视之，且心安理得。的确，现在快节奏的生活让我们本身承受了很大的压力，但一旦失去了心中的善念，那么我们也就失去了寻找美好的动力，世界也将变得冷漠。其实，生活中又有谁的人生会永处顺境？很多时候，别人今天的遭遇也许我们明天就无法躲闪。

俗话说："赠人玫瑰，手有余香。"搬开别人脚下的绊脚石，往往是为自己铺路。这是非常浅显的道理，每个人都懂得助人为乐是传统美德，是人生价值的体现，是人性闪烁的光芒，更是人类生生不息的源泉。这并非是一种空谈，在生活中，我们常常会因帮助别人而感到快乐，当别人真诚地对你说"谢谢"时，我们都会获得一种满足，这就是我们的回报。所以多存一点善念，多行一些善举，以感恩的心面对人生，不错过每一次帮助别人的机会，相信你的人生会更精彩！

　　卡耐基小时候，他的家人每天晚上都会从圣经里面摘出章句或诗句来复习，然后跪下来一齐念"家庭祈祷文"。在密苏里州一栋孤寂的农庄里，卡耐基的父亲每天都要复习耶稣基督的那些话："爱你们的仇敌，善待恨你们的人；诅咒你的，要为他祝福；凌辱你的，要为他祷告。"卡耐基的父亲做到了这些，也让他的内心在很大程度上得到了平静。

　　卡耐基说过，要培养平安和快乐的心理，请记住这条规则——让我们永远不要去试图报复我们的仇人。因为如果我们去报复仇人的话，我们会深深地伤害了自己。让我们象艾森豪威尔将军一样，不要浪费一分钟的时间去想那些我们不喜欢的人。

　　在德克萨斯州，卡耐基碰到了一个正为某事而愤怒的商人。这位商人愤怒的事情并非是几天前发生的，而是发生在十一个月以前，可他还是非常生气。他发给公司员工年终奖金，但没有一个人感谢他。"我实在很后悔，"他很尖刻地埋怨说，"应该一毛钱都不给他们的。"

　　卡耐基听了之后，非常同情他，可是他也一针见血地指出，商人不该沉浸在怨恨和自怜中，他该问问自己：为什么没有人感激他？也许他平常付给员工的薪水很低，而派给他们的工作却太多；也许他们认为年终奖金不是一份礼物，而是他们花劳力赚来的；也许他平常对人太挑剔，太不亲切，所以没有人敢或者愿意来谢谢他；也许他们觉得他之所以付年终奖金，是因为大部分的收益得拿去付税。

　　卡耐基曾经说过，感恩是一种处世哲学，是生活的智慧。人生在世不可能一帆风顺，种种失败、无奈都需要我们勇敢地面对，我们应该以豁达的态度去处理。如果一味埋怨生活里的不公平，从此变得消沉、萎靡不振，甚至对生活充满了怨恨，那么跌倒了就很难爬起来。反之，如果你感恩生活，生活将赐予你灿烂的阳光，赐予你快乐的生活态度，那么在再大的困难面前，你都能够坚强面对。

所以，在人生的路上，我们要永远保持一颗感恩的心。学会感恩，生命里的爱会多于恨；学会感恩，不要忘恩负义；学会感恩，永远不要忘了说一声谢谢。懂得感恩是我们生命中不可缺失的色彩。

唯有知恩，方才感恩

拥有一颗感恩的心，也就是拥有了一种积极的生活态度。只有用感恩的心做人，我们才能真正体会到快乐的人生。

世界上有很多民族都有自己的成年礼，当孩子们长到一定年龄时，大人们就会为孩子举行一场隆重的典礼以示庆贺。或许每个国家、每个地区的成人礼年龄规定不同，但我们不难发现，当典礼结束之后，所有成年的孩子都会脱胎换骨。因为这表示他们成了自己的主人，同时也开始承担责任，贡献社会。

那么，对于任何一个时代、任何一个社会来说，传统的人伦道德教育都是不可或缺的。古人云："修心成仁，仁者爱人。"一个心中有爱的人，一定是一个心怀感恩的人。只有懂得感恩，学会感恩，才能够将心中的爱传递给别人。一传十，十传百，爱便会在这样的氛围中不断传递下去，就好像那句话，用大爱拥抱全世界。在这个世界上，无情无义之人毕竟是少数，甚至有些人是因为患有各种心理疾病才会变得过度关注自我使人际关系冷漠。

懂得感恩，才会懂得爱。一个内心充满爱意的人，才能获得真正意义上的成功。而一个不懂感恩、心中无爱的人即便成功了，那样的成功也是一种畸形的"成功"。在他们"成功"的背后，往往连带着自私、孤独，就像是大海里的一艘孤帆一样永远漂泊。

著名作家刘墉曾说："做人要存一颗感恩戴德之心，永存感恩之情。唯有学会感恩，感谢生活，才能获得更大的情感回报，才会更加热爱生命，关爱他人，收获平和与快乐。"唯有知恩，方才感恩，学会感恩吧！

第四节　勇于担当：认错也能以退为进

在人的一生之中，谁都难免会出现这样或那样的过错。对一个期望值达到既定目标、走向成功的人来说，对待自己过错最正确的态度就是"知过能改"。

勇敢地说出自己的错误

塞内加曾经说过："选择对某事负责，意味着我们对此事做出了承诺，我们可以选择多承担一点责任，也可以选择少承担一点责任，即我们可以选择承担责任和少承担责任。要命的是，有人根本就不愿承担责任。"

在这个世界上，绝对没有一个人是从来都没有犯过错误的，金无足赤，人无完人，这是肯定的。所以在你犯了错误之后，态度就显得很重要。

当任性和误解造成了人们之间的矛盾和冲突的时候，假如我们能够多为他人着想，主动承认自己的错误，化干戈为玉帛，就会获得一个比较好的结果。但是人们最难做到的事情，就是主动对别人说"我错了"。这绝对不是个别现象，很多人在坦诚地说出"我错了"之前，总会有这样或那样的心理包袱，或许是为了顾及面子，或许是有什么难言之隐，

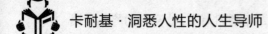

但是请相信，任何一个看似成立的理由都不是你逃避的借口。

卡耐基非常明确地指出，要想解决问题，除了坦白地承认自己的错误，再也没有比它更好的方法了。

卡耐基曾在一次播音中提到了《小妇人》的作者——亚尔可德女士，但是，他在播讲的时候却犯了一个小小的错误，他本来清楚地知道她在麻赛其赛斯的康考特生活，却说成了纽海姆彼雪的康考特，并表示自己曾去拜访过。如果卡耐基只是说错一次也许还可以谅解，可他恰恰连续说错了两次。这在听众心里成了一个不能容忍的失误。

所以，卡耐基面临的是紧随其后的质问、指责，甚至是收到侮辱性的信件。其中有一位就出生在当地的老太太态度非常强硬，在信中言辞也很犀利，她对卡耐基的错误表现出强烈的愤怒。卡耐基看过这封信之后，专门与这位太太通了电话，他非常诚恳地说："我将亚尔可德女士的故乡弄错实在是一件无法饶恕而又愚蠢的事，我为此表示道歉，并感谢您在信中指正我的错误。"

老太太听到这些话后感到很不好意思，她说："我真没想到你会直接与我通话，其实我不该在信中粗鲁地对你发脾气，应该道歉的是我。"

对于卡耐基勇于承认自己错误的态度，这位老太太曾表示："麻赛其赛斯是我的家乡，我以它为荣，你的话使我很难过。而与之相比那封信更加让我感到不安和愧疚，你勇敢地承认自己的错误，这让我很高兴，我愿意认识你。"

在人际交往中，当你与他人交换意见时，如果你是对的，应该尝试着以温和而巧妙的方式让对方认可；如果你错了，就必须及时承认自己的错误，接受别人的批评。这不仅能消灭自身的罪恶感，更有助于解决由失误造成的损失，别人也会更加尊重你。

懂得自我反省的人更容易得到别人的尊敬

在生活中，我们难免会出现这样或那样的过失，可是人们在犯错之后总是手足无措，或者谋划着如何隐瞒事实的真相。这种做法只会让自己错上加错。我们必须学会正确面对错误，因为犯错也是在积累经验，所以，能够在犯错时自我反省，才是鞭策自己的好方法。

卡耐基有一个侄女叫约瑟芬，在她高中毕业仅仅 3 年之后，卡耐基便聘请她给自己做秘书。当时的约瑟芬只有 19 岁，没有任何工作经验。但在卡耐基身边工作过之后，她却成为西半球最完美、最称职的秘书之一。

在约瑟芬刚刚来工作的时候，卡耐基就看到了她身上有很多缺点，但因为是叔侄关系，又是上司和下属的关系，卡耐基一直在想着自己要怎么委婉地告诉侄女她身上的错误。可他转念一想自己的年龄是约瑟芬的一倍，经验更比她多万倍，怎么可以奢望她现在就具备自己的观点、自己的准确和自己的精力呢？经过真诚而公平的考虑，卡耐基得出了这样的结论：现在的约瑟芬比自己 19 岁时强多了。

所以，卡耐基采取了一种化主动批评为引导的方式告诉她："约瑟芬，你不能万事精通，所以你在工作中会出现错误，这很正常。但是你不要觉得自己犯了错就没有人知道，上帝肯定知道，所以你不用觉得无法面对。要知道我所犯过的错误比你还要糟糕。犯了错不要紧，毕竟成功来自于丰富的经验，你要相信，你比我年轻时强多了。我也曾做过很多愚蠢的事，所以我并不想批评你或者任何人。但是难道你不觉得，如果你这样做会更好吗？"

这个世界上，谁都可能犯错，因为人生本来就是在实践中出现错误的过程。那些认为自己从来没有犯过错误的人，一定是一个毫无成就的人，甚至是不敢面对自己失败的懦弱的人。

在卡耐基的私人档案里有一份卷宗，上面写着"我做过的蠢事"。他把自己做过的所有愚蠢的事儿记录下来，然后放在盒子里，时刻提醒着自己，不要再犯类似的错误。有时候工作太忙，他就用口述的方式让秘书记录，一旦碰到过于隐私难以启齿的问题，他就会亲自把它写下来。

卡耐基曾经说："重读自我批评，能够帮助我解决现在面临的最困难的问题——如何控制自我。随着年龄的增长，我发现，所有发生在我身上的不幸都是由自己造成的。"

无独有偶，拿破仑在被放逐的时候也曾这样说："除了我之外，没有一个人应该为我的失败承担责任。我是自己最大的敌人，也是我不幸命运的根源。"

所以，当我们看到并且意识到自己的错误的时候，就要及时改正，这个道理大家都懂。可是，问题就难在行动上。

艺术家霍华在解释自己成功的原因时说："我每个星期六都要花一些时间来反省、回顾和检讨这一周的工作，所以我的家人从不在这一天晚上给我安排活动。我把自己关在一个房间里，然后问自己，'我那次犯了什么错误？怎样才能改进？我能从中学到什么？'正是这样的自我反省，让我看到我犯的错误在逐渐减少。我一直坚持了许多年，这是非常有意义的。"

如果你已经意识到自己错了，那么就勇敢地说出来，然后不断地从错误中吸取经验教训，减少甚至避免错误的发生。不管你是一名公司的普通员工，还是高层领导，不管你是一位推销员，还是营销经理，都需要掌握不再让错误发生的方法，这不但能够使他人喜欢你，更能够帮助你走向成功。

第五节　巧言攻心：要采蜜，就不要弄翻蜂房

批评就好比驯熟的鸽子，它们到时候总是要回家寻找主人的。我们还应该清楚，我们所要纠正和指责的人总是会为他们自己作自我辩护，并反过来指责我们。

切勿随意批评他人

有人说，批评就像训熟的鸽子，它们总会回来的。这就好比你明天只要轻轻吐出一句恶毒的评语，你就可以造成一种历经数十年、直到死亡才消失的他人对你的反感。

1931 年 5 月 7 日，纽约发生了一桩有史以来最为轰动的剿匪事件。经过几个星期的搜捕，被称为"双枪杀手"的科洛雷终于在位于西尾街的他情人的寓所里被擒获，令人意想不到的是，这位杀手是一个烟酒不沾的人。

科洛雷被擒后，纽约市警察局长马洛里在发布会上表示：这位双枪恶徒是纽约有史以来最具威胁的罪犯。但是，这个恶徒却并不这样认为自己。在围剿那天，警察向公寓开枪的时候，科洛

雷正在写一封公开信，他如是写道："我外衣里面隐藏的是一颗疲惫的心，这是一颗善良的心，一颗不会伤害任何人的心。"

最终，这个杀人恶徒被判处了死刑——坐电椅。当他到达放着电椅的辛辛监狱（美国关押重罪犯人的监狱）的时候，他对警察说："这就是我自卫的结果。"科洛雷直到生命的最后一刻，都不认为自己有什么过错。

我们先不论科洛雷究竟是如何走上杀人的道路的，但是每一个生命在世界上都是平等的，除了法律，没有人可以决定别人的生死。这样明显的错误，科洛雷心中却丝毫没有认识到。美国大名鼎鼎的黑社会头子阿尔卡普曾说过这样一段话："我把我一生当中最美好的岁月为别人带来快乐，让大家有个幸福的时光，但是我得到的却是侮辱和唾骂，这就是我变成亡命之徒的原因。"这个黑社会头子后来在芝加哥被处决，他对自己的行为也不曾自责，反而自认为造福人民，只是社会误解他，不接受他而已。

用赞扬表达内心

闻名遐迩的心理学家史金勒通过动物实验证明：因好行为受到奖赏的动物，学习速度快，持续力也更久；因坏行为而受处罚的动物，则不论速度或持续力都比较差。这个原则用在人身上也有同样的结论。批评不但不会改变事实，反而只有招致愤恨。

另一位伟大的心理学家希勒也说："更多的证据显示，我们总是希望得到别人的赞扬，我们也都害怕受人指责。"

没有任何技巧的批评毫无作用，它只能使人采取守势，并常常为自己的错误竭尽全力进行辩护。这个道理显而易见，因为批评常常伤害一个人宝贵的自尊，伤害他的自重感，并激起他的反抗。因批评而引起的羞愤常常使雇员、亲人和朋友的情绪大为低落，并且对事实状况一点也没有好处。批评对于事情并没有任何改善的作用，这种例子在历史上司空见惯。

俄克拉荷马州的乔治·约翰逊在一家营建公司担任安全检查员，检查工地上的工人是否戴上安全帽是约翰逊的职责之一。根据他的报告，每当发现工人在工作时不戴安全帽，他便利用职务上的权威要求工人改正，但是受指正的工人常显得不高兴，而且等他一离开，便又把帽子拿掉。

后来，约翰逊决定改变这种方式，当他再看见工人不戴安全帽的时候，便问帽子是否戴起来不舒服，帽子尺寸是否合适，并且用和悦的口气提醒工人戴安全帽的重要性，然后再规劝他们在工作的时候最好把安全帽戴上，这样做的效果果然比以前好了很多，也没有工人不高兴了。

这类事件真是举不胜举。我们再举个例子：

西奥多·罗斯福和塔夫脱总统之间有段广为人知的争论，这场争论导致了共和党的分裂，也将伍德洛·威尔逊送进了白宫，并在第一次世界大战中写下了辉煌的一页。

1908 年，罗斯福走出白宫，共和党的塔夫脱当选为总统。在此之后，罗斯福跑到非洲去捕猎狮子，对美国境内的事情不闻不问。但是当他回到美国后，他却发现塔夫脱在治理国家的时候采用了保守作风，这使他暴跳如雷。罗斯福认为，保守作风不仅会让美国停滞不前，甚至很有可能发生历史的倒退，所以他公然抨击塔夫脱，并且准备再度出来竞选总统，另组"进步党"。

果然，在接下来的选举中，塔夫脱和共和党只赢得了两个区的选票——佛蒙特州和犹他州，这是共和党有史以来遭受的空前的失败。

后来，塔夫脱一直不承认自己的错误，甚至眼含着泪水为自己辩解道："我不知道所做的一切有什么不对。"

是的，人类的天性就是这样，自己在做错了事之后，首先想到的不是自省，而是责怪别人，仿佛这个世界上只有自己不会犯错。所以，当你和我以后想要批评别人的时候，就不要忘了"双枪杀手"科洛雷，不要忘了塔夫脱。我们还应该清楚，我们所要纠正和指责的人总是会为他们自己作自我辩护，并反过来指责我们，温和一些的或许会像塔夫脱总统那样说："我不知道我该怎样做才能和我以前所做的有所不同。"

第六节　以诚相待：让对方享受 "贵宾" 待遇

坦诚，是一种不加掩饰、不加遮盖的透明，是一种没有面具、没有虚伪的坦露。坦诚是一种优雅，是一种圣洁，是一种宁静，是一种淡泊，是一种美好，是一种成熟。

坦诚是交往中最基础的准则

我们每个人都会有朋友，但是在结交朋友的时候一定要真诚，坦诚相待能从心底感动他人而最终获得他人的信任。以诚学习则无事不克，以诚立业则无业不兴。真诚是我们广结善缘的基石，能够让我们的人生立于不败之地，能够为我们缔造幸福美满的人生。真诚能使人笑口常开，好运连绵。

真诚贯穿在我们的人生中，多一份真诚，就多一份自在；多一份真诚，就多一份坦率；多一份真诚，就多一份祥和。真诚犹如一潭幽静的池水，它有时会遭受泥块和沙石的袭击，但它凭着那份自滤，也会使污秽沉淀，始终保持自己的容颜光彩照人。高山真诚了，展现出身躯的伟岸；大地真诚了，把沧海变成了桑田。让我们用真诚把"人"字写直写高，把尘封的心胸敞开，荡去狭隘自私，活出一种朴实，活出一种尊严。

卡耐基认为，如果要使人的行为相互影响，就应采取和蔼而不自傲的劝说方式。若希望一个人赞同你的目标，首先要使他相信你是他真诚的朋友，这正像是一滴蜂蜜会吸引他的心，而他的心，正是通往他的理智的一条大道，你一旦获得了它，你便会发现，要使他信服你的目标并不难，只要那个目标确实是公正的。相反地，你若专横地干涉他的判断，指使他的行动，或把他列为应躲避或鄙视的人，他便会从内心里开始关闭所有通往理智与心灵的道路。即使你的目标本身诚实无隐，且化为用钢铁做成的尖锐长矛，甚至你以大于赫丘力斯（希腊神话中的大力士）的力量来准确投掷，但你所做的一切努力也无异于用黑麦秆来刺穿一只乌龟的硬壳，丝毫无法穿透他。

用真诚打动别人

真诚是一种美德，更是一种境界，同时也是每个人应具备的交际品质。不是有这样一句话吗，"一两重的真诚超过一吨重的聪明"。所以，你只有真诚，才能使别人放心，别人也才会对你推心置腹，披肝沥胆。你如果把真诚的心交给他人，你就会收获真诚的果实，因为真诚能打开人的心灵大门，也就是人们常说的"精诚所至，金石为开"。人活在世上，只有始终以一颗真诚的心去面对别人，才能够得到别人同样的回报。人与人之间只有真诚相待，以心换心，才会自觉换位思考，才会长相知，不相疑，才会肝胆相照。

在"卡耐基课堂"上，卡耐基十分注重对学员进行坦诚教育，怎样才能教导一个人成为更好的人？如何教人和别人建立更好的关系？答案非常明显，如果只要求学员死记硬背"人际关系的21条原则"，这样做肯定是不够的，因为所有卡耐基的教学哲理就在于"应用"。正如卡耐基课程所讲到的一样，人际关系的训练也需要态度的改变，这不是认知方面的学习，因此不是光凭记下或研究就可以的，每个人还必须在生活中加以应用。要成功教导这些内容，必须同时有富于理解能力的教师、合作的学员，以及在生活中和在教室里试用这些原则的机会。常常有的情形是，一个学员察觉出自己也有和别人同样的问题，所以才认识到自己有必要改变生活态度、行为方式，甚至于生活方式。

卡耐基在自己的著作里讲过这样一个故事，我们不妨来看一下：

纽约州右第卡市一个学员对卡耐基讲述了他邀请自己八十岁的祖母来家同住的情形。这位老人平时非常独立，喜欢自己去做事，为了维持她的独立，她变得有点叫人受不了——她说她可以处理自己的事，不喜欢别人帮忙。

后来学员这样解释道："我想她真正要说的是，她希望在我们一家和她之间有着某一种爱的关系。我以前并没有看出这一点，直到听到一个同学谈到如何帮助一位年老的朋友的时候，我才真正地了解。他所用的原则是对这位老人贯注真正的兴趣，并且想办法了解她需要的东西。那位同学说，这样一来就把他们原来的关系完全改变了，原来时时担心伤害老人的紧张心情，转变成为真诚的友谊和关心。听了他的谈话，我想到我和祖母的关系。从那时候开始，我用更多的时间和她相处，我觉得她比以前快乐了，而我当然更快乐。"

听完这位学员所讲的，卡耐基在课上感慨地对其他学员说，对待亲人，同样需要真诚，只有这样我们才能体会到亲情的重要。

有人说：真诚是一杯美酒，能净化人们善良的灵魂；真诚是一股清泉，能滋润人们干渴的心田；真诚是火焰，能融化人际间的冷漠。但是，在现实生活中，有时候人与人相处时却不是这样。我们必须承认，这个世界并不是像我们想象中那么美好，有人待人不真诚，为人不坦诚，一肚子小心眼，处处耍小聪明，这种人谁见谁厌烦；有人言而无信，事事出尔反尔，欺上瞒下，文过饰非，这种人谁也不愿和他交往；有人虚伪、狡诈、阴险，算计他人的真诚，戏弄他人的善良，以怨报德，以恶报善，这种人谁见了他都像见了瘟疫一样，唯恐避之不及。我们不能让自己也成为那样的人，否则，我们的人生还有什么意义呢？

第七节　同舟共济：结合对方优势强强联合

一个人若想有所发展，就必定离不开众人对他的帮助与支持，离不开与他人相互沟通，相互合作。所以，在这个大千世界里上演的一段又一段故事，无不说明合作的力量是无法估量的。

促成合作是明智之举

孙中山先生曾经说："物种以竞争为原则，人类以合作为原则，人类顺此原则则昌，不顺此原则则亡。"可见，合作是多么的重要。

我们每个人都是生活在社会中的人，没有谁能孤军奋战一生，在成长的过程中，我们既要自立自强，也要学会和他人合作发展，只有这样，我们才能在竞争激烈的当今社会上站得更稳，走得更远。

很多时候，上天给我们的是相同的东西，可是却有人过得好，有人过得差。其实这并非取决于我们的能力，真正的原因就在于，有的人只顾自己往前走，却忘了与周围的人交流合作。因此，在前进的过程中，我们要多看看周围，两个携手合作的人往往比那个单枪匹马的人更早看见成功的曙光。

曾经，有一个外国教育代表团在上海参观一所学校的时候，一位教育家邀请几个同学做"瓶中抽球"的实验。实验的内容是将7个彩球放在一个窄口瓶子里，每个彩球都系着线，线的一端露出瓶口，同学们每个人拉住一根引线。假设这只瓶子代表一幢房子，彩球代表屋里的人。房子突然失火了，只有在规定的时间内逃出来的人才有生存可能。

教育家请这7位同学听到哨声便以最快的速度将球从瓶中提出。瓶子的口径很小，一次无法通过两个彩球。随着一声哨声，实验开始了，只见这7个同学一个接一个地从瓶里抽出了自己的彩球，才用了3秒钟！这位外国教育专家连呼："太了不起了！我在许多国家做过这个实验，从未成功，至多能逃出一两个人，多数情况下是几个彩球卡住了瓶口。"

通过这个实验我们能得出，只要通力合作，很多事情都能够迎刃而解，反之，如果只顾着自己的事情，那么会遭到很多次的失败。作为一个现代人，要想在社会竞争中立于不败之地，就必须在学会认知、学会做事、学会做人的同时，学会与他人共处，学会与他人协作，这是为人之道，也是成功之道。

合作能够最快达成目标

一个人不可能独立地在社会中生活，人与人之间的合作与竞争是我们在社会中生存和发展的动力。卡耐基认识到这一点的重要性，并提出了很有价值的观点。卡耐基问大家，你对于自己发现的思想，是不是比别人用银盘子盛着交到你手上的那些思想，更有信心呢？如果是这样的话，你要把自己的意见硬塞入别人的喉咙里，岂不是很差劲的做法吗？若提出建议，然后让别人靠自己去想出结论，那样不是更聪明吗？

"卡耐基课程"自从开设之后引起了很大的关注，这个情形已经超过了他原本的估计，当然，这也是他战斗力的最后产物。这门课程将学员带到了极致。在一节课程中，他们被鼓励着表达狂怒及挫折，在另一节课程里，又必须表现出完全合作的态度。一场活动鼓励了笨拙演员的演出，另一场则有了真诚表现的机会。非常明显的，"卡耐基课程"一方面教授赢得顺从的说服技巧，另一方面也倡导着人类心理的美德与善行。

尽管"卡耐基课程"将人们引向极致，但同样也在推动人们向原点回归。它促使人们努力向前，并向自我挑战，它激发并增强人们的自我价值和人生目标。几乎每个学员都是怀着原有的期望前来，然后带着不同的解决之道离去。有些人离开课程为的是寻找更大的安全感，有的人则为尝试更多的冒险。有些人正在寻找新的上司，其他的人则正在找寻领导才能；有些人想得到更多的成功、幸运及荣誉，另一些人却着眼于更诚实、更慷慨或更宽容。

学员们因完成课程而获得的证书，并不代表他们在特殊领域里的能力或专业才华，只是认可了这些学员在课程中坚持到底的态度。学生们在本质上丝毫没有改变，许多学员完成课程后，只是感到更快乐，对自己更满意。卡耐基的成就世人瞩目。无论是从事何种工作的学员，只要能按照"卡耐基课程"的基本原则去做，就可能会获得意想不到的收益。这就是卡耐基工作效应的最好表现。

与他人进行良好的合作，不仅可以给别人带来快乐和发展，也可以给自己带来成功和好运。

在我们的一生中，不免有身陷罗网的时候，此时，与我们联系深刻的亲朋好友也都会随之受苦，此时我们想要飞出罗网唯一的方法就是同心协力，而不是互相抱怨，消耗生命的能量。生命本来就是一张大罗网，在罗网中飞翔的我们，只要同心同力，就可以飞得更高更远。如果我们飞得够高够远，说不定就可以飞出猎人的视线。

第 3 章

修炼内在，掌握魅力人生的要诀

我们每个人的成长并非是单一的身体成长，更重要的是心智上的成熟，这种成熟带着一点魅惑，让人着迷。但并非每个人都能领略到其中的奥秘，有些时候，我们只有静下心来，才能发现属于每个人内在的潜能和力量。

第一节　直视恐惧，害怕永远都是纸老虎

尽管心理中的恐惧很难被克服，却并不代表它是不能被克服的，只要我们努力了，就一定能够看到效果，即使不能彻底克服恐惧，至少也可以使之减轻一些。

直视恐惧才能克服恐惧

我们每个人都会有产生恐惧的时候，这并没有什么丢脸的，恐惧是由于周围有不可预料的事物、不可确定的因素导致的无所适从的心理和生理的一种强烈反应。每个人内心的恐惧源于对自身或者一些事物不了解，与外在无关。

有一位伟人曾经说过："对很多人来说，恐惧是一道障碍，阻碍了大家的发展，而事实上，它只是一种幻觉，任何恐惧都只是幻觉，你以为有东西挡着你的道，其实那压根儿就不存在，你必须竭尽全力去争取成功的机会。"

所以在面对困难的时候，恐惧只能使你走向失败，只有勇气才能引导你走出逆境。世界上没有什么比勇气更美好、更有力量，也没有什么比怯懦更残酷无情。我们常常会有这样的情况，在事件未发生时，就已经开始幻想出事之后种种悲惨的结局，进而产生很多不必要的烦恼，杞人忧天。其实对事情结局的恐惧和担心比事情本身更可怕。恐惧只能导致事情的结局更糟。淡定、沉着、冷静却往往能克服最严重的危险，使事情化险为夷。对一切祸患做好准备，那么就没有什么灾难值得害怕了。

生活是一面镜子，当你朝它微笑时，它也会朝你微笑；如果你双眉紧锁，向它投以怀疑的目光，它也会还你以同样的目光。因此，恐惧是我们的心魔，虽然它由外在环境引发，但最主要的还是我们自己的思想，战胜恐惧就是战胜自我的一个过程。

卡耐基曾经这样说过，不管是表现愤怒或兴奋的情绪，还是扮演各种各样的工作角色，教室里的学员们都流露出充沛的情感。但是，戴尔·卡耐基不是心理学家，"卡耐基课程"也不需要他是心理学家。就大多数学员而言，他们不是前来处理深藏内心的心理问题的，而是试着摆脱公众演说时的恐惧或提升管理工作上的技能。当他们发现生命中的某部分已有改进或自己逐渐有所改变时，他们感到满意，尤其是当他们发觉这十四节课带给他们的好处远远超过他们的期望值的时候。

卡耐基曾经给自己的学生们讲过一段自己的童年往事，卡耐基自幼家境贫困，所以在青少年时期，他的忧郁和恐惧是非常深重的。

有一次，已经十三岁的卡耐基从学校回家时，突然发现密苏里上空火光四射，雷声隆隆。他被这景象吓懵了，脸色苍白地跑回家中，一下子扑进母亲的怀里，大哭道："妈妈，快救我，我要死啦！"

卡耐基的母亲被弄得莫名其妙，不明白发生了什么事情，非常担心，就问他到底发生了什么。

这时候的卡耐基却结结巴巴地说不出话来，他瞪大双眼，捂着耳朵，只管一个劲儿往母亲怀里躲。后来，费了好长时间，卡耐基的母亲才明白，原来他是被雷电吓坏了。

卡耐基所恐惧的雷电或许是每个人的童年阴影，可是不同的是，有的人在长大成人之后对于雷电这种自然现象就不再恐惧，但也有的人会将这种恐惧持续一生。真正改变这种恐惧的并非单纯的年龄增长。

那么，为什么有的人就能够克服这种恐惧呢？其实答案非常简单，能够直视雷电的真正形成原因，就能理解这种自然现象，自然也就不再恐惧了。所以克服恐惧最根本的方法就是直视恐惧，只有这样，才能真正做到坦然面对恐惧。

克服恐惧并非是一时的勇气

从恐惧的本身和人们对恐惧的表现来看，恐惧起源于我们自身，来自我们的内心，一切让我们恐惧的东西，都是我们自己吓怕了自己。正如老罗斯福所言："克服恐惧最佳对策，就是勇敢地面对它。"我们要战胜的就是自己的内心，因为内心给我们带来了恐惧。回避只能让我们永远无法真正地战胜自己。

既然恐惧是我们生命中的不速之客，时时刻刻盘踞在我们的心里，每当内心或外在环境起了一点儿波澜，它就迅即渗透到我们的意识中，让我们措手不及。通常我们在想赶它出去、避开它时，多少也有一些对付恐惧的技巧或方法：排挤它，使它麻痹，跳过去或者否认它的存在。然而，恐惧始终潜伏着，好比死神从来没有因为我们不去想就自动隐退一样。

卡耐基曾经说过："在日常生活中，我们总是经历种种的痛苦与烦恼，但是如果我们静下心来，仔细地分析一下，就会立刻发现，这些痛苦与烦恼的来源大部分都是战胜不了自己的懦弱、胆怯心理，缺少勇气等。"

当我们需要勇气的时候，我们先要战胜自己的懦弱。这样一对矛盾的名词几乎同时占据着我们的生活。我们懦弱，我们就失败；我们勇敢，我们就成功。世上没有绝对完美理想的人，当然也很少有绝对不可救药的人，每个人的性格中都或多或少地存在着需要勇气时却显得懦弱的自我矛盾。"狭路相逢，勇者胜。"这句话是说，在任何时候，有勇气的人能够战胜一切困难，获得成功。诚如爱因斯坦所说："勇气是上天的羽翼，怯懦却引人下地狱。"

勇气可以改变一个人的人生。因此我们在需要勇气时，必须努力克服自己懦弱的弱点，勇敢做出决断，不让自己的人生留下任何遗憾。

英国首相温斯顿·丘吉尔说过："勇气很有理由被当作人类德性之首，因为这种德行保证了所有其余的德行。"有了勇气就有了战胜一切困难的力量，勇气是成为一个优秀的人的必备条件。

第二节　告别自卑，自信者他人才会信之

在我们的身体里面有一颗心，被人们命名为自信心，之所以被命名为自信心，是因为这颗心像一盏明灯，可以照亮每一个自卑者的心，照亮每一个心里潮湿、阴暗的角落。

建立自信，才能扫除自卑

我们每个人都会有自卑心理，只是表现的方式不太相同，这主要来源于心理上的消极自我暗示，它的形成可以是偶然存在，也可以是一段时间的存在。但是，因为自卑而给自己乃至社会带来极大的负面影响的人应该自我反省，有意识地通过锻炼来增强自己的自信心。

世界上许多的成功人士之所以能做成大事，走的就是这条超越自卑的路。事实上，自卑的超越需要动力的升华。对于从挫折、自卑到成功卓越的人士来说，这些都是互相关联、互相依存的。

存在主义大师、作家萨特2岁丧父，左眼斜视，右眼失明，失去亲情与身体的残疾使他产生了极重的自卑；法国伟大的启蒙思想家、文学家卢梭，曾为自己是孤儿，从小流落街头而感到自卑；美国英雄总统林肯出身农庄，9岁失母，只受过1年学校教育就下田劳动，他曾深深为自己的身世而自卑；法兰西第一帝国皇帝、政治家、军事家拿破仑年轻时曾为自己的矮小和家庭的贫困而自卑；日本著名企业家松下幸之助，4岁家败，9岁辍学谋生，11岁亡父，曾为自己的穷苦和无依无靠而自卑。但和普通人不同的是，他们并不因为自卑而消极，相反，这始终是他们前进的动力。正因为战胜了自卑，他们才有了最后的成功。

和这些成功者一样，卡耐基也曾经有过非常自卑的时刻，那么他是如何克服的呢？我们不妨来看看他的故事：

卡耐基原先的目标是想在学校里获得学位，毕业后回到家乡的学校里去教书。但在快毕业的那年里，他发现同班的一个同学在暑假为国际学校推销函授课，每周所得的钱比他父亲的辛勤劳动所得还高出四倍。所以，在1908年，卡耐基毕业之后，就赶到国际函授学校总部所在地丹佛市，受雇做了一名推销员。后来他又到南奥马哈，为阿摩尔公司贩卖火腿、肥皂和猪油。虽然他的推销工作很成功，但他却决定到纽约美国戏剧艺术学院学习演戏。一年以后，他感到自己并不具备演戏的天才，于是又回到推销的行业里，为一家汽车公司当推销员。

不过，这些工作都不合他的理想。他为没有实现在大学里的梦想、不能成就一番伟业而苦恼。他认为他应该过有意义的生活，这比赚钱更重要。他决心白天写书，晚间去夜校教书，以赚取生活费。他想为夜校开设公开演讲课，因为他认为，大学时代他在公开演说方面受过训练，有所经验。这些训练和经验扫除了他的怯懦和自卑，让他有勇气和信心跟人打交道，增长了他做人处世的才能。于是他说服了纽约一个基督教育年会的会长，对方同意他晚间为商业界人士开设一个公开演讲班。从此，他开始了为之奋斗一生的成人教育事业。

读完卡耐基写作的三篇传记，我们可以找到一个共同的主题：为艺术而不畏艰难，努力奋斗，最终就会实现自己的梦想。这三篇传记也表达了卡耐基本人的愿望和人生经验。他对三位艺术家的崇敬，是他对艺术追求的延续；而他对三位艺术家奋斗历程的描述，又恰似他自己本人的生活写照。我们从这些艺术家的传记中可以看到卡耐基生活的轨迹。

自卑和自信就好像是一面镜子的两个面，但是自信的建立远远难于自卑的形成，它需要一个相对较长的时期来完成。所以，在增强自信的阶段要有一定的恒心，不可半途而废、急功近利。要相信自己一定能够成功，不要认为自己无药可救，世上没有绝对的不可能，只要努力，就不会被任何事难倒。

改变自卑的基本方法

自卑是心理暂时失去平衡的一种心理状态，但绝对不是不能改变的，我们可以通过补偿的方法来加以调适，但是这种补偿有积极和消极之分。有的青少年明知自己能力不强，却故作姿态，甚至以奇异打扮来招人注意，借以弥补自己内心的空虚，这就是一种消极的补偿方法，是不可取的。我们想要改变自卑的现状，可以参照卡耐基提出的积极的补偿方法：

一、正确认识自己

俗话说："尺有所短，寸有所长。"我们每个人都有自己的长处与短处，

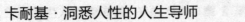
所以，正确的比较应该是全面的比较，即既比上，又比下；既比优点，也比缺点。跟上比，鞭策自己求进步，跟下比，看到自身的价值。这样，就会得出"比上不足，比下有余"的结论。世上任何人都逃脱不了这个公式，明白这一点，我们心里的天平就取得了平衡。

其实，最重要的比较，不是和别人比，而是自己跟自己比。走自己的路，奋发努力，不断进步，放出自己的光和热，这才是有意义的人生。选择更适合自己的途径发挥自己的长处，自卑的心理也就没有立足之地了。

二、正确对待失败

每个人都会失败，但每个人面对失败的态度却大不相同。青少年由于知识、经验的匮乏，在失败的时候，往往很难找到恰当的方法来排解内心的自卑感、挫折感，结果导致恶性循环，失败导致自卑，自卑又引起失败……

要知道，漫长的人生旅途是不可能一帆风顺的，挫折和失败必然会发生，如果我们能够保持平常之心来看待，就不会在感情上产生很大的波动，也就不会产生太多的失落感和自卑感。英国著名教授汤姆逊在总结自己工作成功的经验时把它概括为两个字，那就是"失败"。

三、找到自身的闪光点

"金无足赤，人无完人。"我们每个人都有自己的长处和短处，要学会对自我作公正的、全面的、正确的评价，既不沾沾自喜，也不自怨自艾，不要死盯着自己的短处，让内心背上一个沉重的包袱。人要善于挖掘和扩大自己的优势，以补偿自己的不足。

我们在为人处世时，尤其是在自己处于低谷的时候，就更需要找到自己的闪光点，来提高自己的自信心。没有必要强迫自己在每个方面都完美。在待人处世时也应该善于利用自己的长处，不拿自己的短处和别人的长处相比，而是"避己之短，扬己之长"，这样你的自信就会增加了。另外，你还需要多学习别人的长处，不断丰富自己的内涵，多用脑子想问题，思考问题，用实际行动解决问题。

第三节 远离气馁，借用他人的有效经验

我们只有准确地给自己一个定位，认清自己的优势和劣势，利用自己的优点，扬长避短，才能更好地展现自己，总有一天成为生活的强者。

利用他人经验来充实自我

在生活中，我们都有这样的希望——自己在别人眼中都是完美无缺的，所以我们都会尽最大的努力来展现自己的优点，而总是把自身存在的缺点掩埋起来。这种行为用一个成语来概括，就是"扬长避短"。

美国著名的"优势理论之父"、盖洛普公司已故的前董事长唐纳德·克利夫顿博士曾这样说过："在成功心理学看来，判断一个人是不是成功，最主要是看他能否最大限度发挥自己的优势。每个人都有天生的优势，教育的优势就在于发现优势，并发挥优势。当人们把精力和时间用于弥补缺点时，就会无暇顾及发挥自己的优势。同时可惜的是，任何人的缺点总要比才干多得多，而且许多缺陷是后天难以修复的。"

卡耐基曾经也同样有过这样的经历，就比如说在前文中，我们提到他为了改变自己，勇敢挑战自己，多次参加演讲比赛，也正是想要通过自己自身的优势，来弥补他自卑的劣势。

后来，卡耐基也谈到自己的这种做法，他表示，要达到这种效果，掌握当众演讲的技巧，应当从借鉴他人经验开始训练自

己。不管是处在任何情况、任何状态之下，绝没有哪种动物是天生的大众演说家。在历史上，当众演讲被看作是一门精致的艺术，必须遵守修辞法与优雅的演说方式，所以，要想做个天生的大众演说家那是极其困难的，是经过艰苦努力才能达到的。现在我们却把当众演说看成一种扩大的交谈。以前那种说话、动作俱佳的演讲方式以及演讲时一定要有气势如虹的声音的时代已经永远过去。我们与他人共进晚餐、在教堂中做礼拜，或看电视、听收音机时，喜欢听到的是率直的言语，依常理的构思，我们也偏爱对方真挚地和我们谈论问题，而不是对着我们夸夸而谈。

正是借助历史人物成功事例的演讲，卡耐基终于了解到了演讲的魅力，也掌握了演讲的基本准则。如果没有这些前人的经验，或许卡耐基不能在那段时间内发生如此巨大的转变，这就是借助他人经验获取成功的典型事例。

利用优势来弥补劣势

每个人的成功不甚相同，但成功的战术却是万变不离其宗，其实只有两个基本点：其一，面对对手，以长击短；其二，面对自身，扬长避短。我们每个人都有自己的特质和特长，就算我们的长项不够突出，但要相信，自己总会有胜过对手的地方，只要善于利用自己的长处，就能形成制胜的优势。在中国古代史上，也曾经有过这样的案例，这就是著名的"田忌赛马"：

公元前4世纪的中国正处在诸侯割据的状态，历史上称为"战国时期"。在魏国做官的孙膑受到了同僚庞涓的迫害，被齐国使臣救出后，到达齐国国都。齐国使臣将他引荐给齐国的大将军田忌，田忌向孙膑请教兵法，孙膑讲了三天三夜，田忌特别佩服，就将孙膑待为贵宾，孙膑对田忌也很感激，经常为他献计献策。

在当时的齐国，赛马是最受齐国贵族欢迎的娱乐项目。上至国王，下到大臣，常常以赛马取乐，并下重金赌输赢。田忌多次与国王及其他大臣赌输赢，却屡赌屡输。一天他赛马又输了，回家后闷闷不乐。孙膑安慰他说："下次有机会带我到马场看看，也许我能帮你。"

再到赛马的时候，孙膑随田忌来到赛马场，满朝文武官员和城里的平民也都来看热闹。孙膑了解到，大家的马按奔跑的速度分为上、中、下三等，等次不同，装饰不同，各家的马依等次比赛，比赛为三赛两胜制。

孙膑仔细观察后发现，田忌的马和其他人的马相差并不远，只是策略运用不当，以致失败。于是，孙膑就给田忌献策："大将军，请放心，我有办法让你获胜。"田忌听后非常高兴，随即以千金作赌注约请国王与他赛马。国王在赛马中从没输过，所以欣然答应了田忌的邀请。

比赛前田忌按照孙膑的主意，用上等马鞍将下等马装饰起来，冒充上等马，与齐王的上等马比赛。比赛开始，只见齐王的好马飞快地冲在前面，而田忌的马远远落在后面，国王得意地开怀大笑。

第二场比赛还是按照孙膑的安排，田忌用自己的上等马与国王的中等马比赛，在一片喝彩中，只见田忌的马竟然冲到齐王的马前面，赢了第二场。关键的第三场，田忌的中等马和国王的下等马比赛，田忌的马又一次冲到国王的马前面，结果二比一，田忌赢了国王。

从未输过比赛的国王目瞪口呆，他不知道田忌从哪里得到了这么好的赛马。这时田忌告诉齐王，他的胜利并不是因为找到了更好的马，而是用了计策。随后，他将孙膑的计策讲了出来，齐王这才恍然大悟，立刻把孙膑召入王宫。

孙膑告诉齐王，在双方条件相当时，对策得当可以战胜对方，在双方条件相差很远时，对策得当也可将损失减低到最低程度。后来，国王任命孙膑为军师，指挥全国的军队。从此，孙膑协助田忌，改善齐军的作战方法，齐军在与别国军队的战争中屡屡取胜。

我们要时常审视自身的长处和短处，并且做一些相应的改变：首先，正视自己的不足，忘记那些缺点，不要让它们成为你的成功道路上的绊脚石；其次，也是最重要的一点，认识自己，并且给自己一个准确的定位，把握和信任自己的特长，扬长避短，形成优势，由此开展你人生的奋斗和策划。

培根说过："挫折对无能的人是一个无底深渊，而对那些敢于面对挫折的人来说，它是一块成功的垫脚石。"人的一生并非一帆风顺，总是挑战与机遇并存。有挑战就会有坎坷。在坎坷困难面前，我们不要气馁，要迎难而上，挺住意味着一切都有机会，世上无难事，只要肯攀登。我们每时每刻都生活在城市的边缘，岁月长了，故事也就长了，我们艰苦奋斗的旅程也就长了，在纷繁而又喧嚣的旅途中，坚持充盈着我们跋涉的脚步。

第四节　平息浮躁，舍得名利负担

淡泊于名利是做人的崇高境界。人若没有包容宇宙的胸襟，没有洞穿世俗的眼力，是很难做到淡泊名利的。淡泊于名利，方能成大器，方能攀上高峰。

名利并非是唯一的追求

《史记·货殖列传》中记载："天下熙熙皆为利来，天下攘攘皆为利往。"的确，在我们的一生之中，利益有着举足轻重的位置，换句话说，人活着就是为了利益二字。但是怎样看待名利，就需要智慧了。

名利是坚硬的高墙，阻挡你前进的步伐；名利是束缚身体的网，羁绊你高飞的梦想；名利是汹涌险恶的巨浪，偏转你人生的航向。一味地追名逐利，只会让人葬送一生，遗臭万年。如果懂得在适当的时候舍弃名利，不受其迷惑，却可以百世流芳。名利不是必需品，名利代表不了幸福。在世间畅游，保护好自己那颗纯净的心，才能得到幸福和快乐。

卡耐基曾经非常坦率地指出，在名利面前，品格不同的人有不同的态度。高尚无私的人不看重世俗的虚名；信念坚定的人对别人的荣誉毫不在意；公平正直的人认为名利应当与价值相称；谦虚谨慎的人见了名利会尽量躲避，而爱慕虚荣的人十分渴望荣誉的桂冠；目光短浅的人还会躺在名利上不思进取。

尽管卡耐基获得了巨大的成功，但是在很多时候，他都表现出一种对名利的淡泊。在讲台上，卡耐基意气风发，情绪高昂；但是，一旦步下讲坛，他就变得安静、寡言少语，与他传授处理人际关系技能时的大师风采相去甚远。在私下里，卡耐基更是想要过一种平凡的生活。曾经他和一个同事提出了这样的看法，他说，在他创作《影响力的本质》这本书之前，他只是一个普通人，没有人会去探寻他的公司、他的生活。那时他只是戴尔·卡耐基，一个非常普通的、讲授成人教育课程的教师，甚至没有什么东西

是值得在背后披露的。可是这种平静的生活却随着这本书的出版
而改变。读者们十分期待他是某种"超乎世界"的与众不同的人物。

"可是，当陌生人遇见我，开始认识我以后，他们会发觉我其实
就像他们隔壁的邻居，而不是某个具有戏剧性格的人。"那么，
他们就会感到失望，而这也将让他因窘不堪。这也就是卡耐基要
避免任何被陌生人邀请的原因。所以，在《影响力的本质》一书
十分畅销时，他离开美国前往欧洲。

不被名利所负累

对于荣誉这种东西，我们绝对不能太过看重，否则它会成为人生的
包袱。卡耐基如此，而中国的著名学者钱钟书同样如此：

当代大学者钱钟书同样淡泊名利，对物质无欲无求，或许正
是这份淡泊，才让他的文字获得了高贵的灵魂。他谢绝了所有新
闻媒体的采访，中央电视台《东方之子》栏目的记者曾想方设法
冲破钱钟书的防线，希望他能够接受自己的采访，哪怕只是对着
镜头问候一下数万读者。但是最后他还是非常遗憾地向全国观众
宣告：钱钟书先生坚决不接受采访，我们只能尊重他的意见。

美国著名的普林斯顿大学曾经极力邀请钱钟书去讲学，开出
的薪水非常丰厚，每周只需要钱钟书讲40分钟课，一共只讲12次，
酬金16万美元，食宿全包，可带夫人同往。但是钱钟书拒绝了。

他的代表作品《围城》发表以后，不仅在国内引起轰动，在
国外反响也很大。有很多新闻界和文学界的人都想一睹他的风采，
但都被他婉拒。有一位外国女士打电话，说她读了《围城》之后
非常迫切地想要见他。钱钟书再三婉拒，她仍然坚持自己的看法。

后来，钱钟书幽默地对她说："如果你吃了个鸡蛋觉得不错，何必要一定认识那只下蛋的母鸡呢？"

名利对于任何一个名人来说都是一把双刃剑，但作为名人，如果想要在自己的领域之中突破自我，那么就需要能够忍受住寂寞，专心钻研。或许这个要求并非每个人都能做到，当名利来袭时，有很多人都忘记了自己的本职工作，所以社会中才会出现很多昙花一现的名人。但是钱钟书却非常理智，名利于他不过是镜中月、水中花。在物欲、名利横流的当今，有志者更应守住淡泊，向着自己既定的目标前进。

著名作家冰心老人也曾告诫晚辈说："人到无求，心自安宁。"或许这对于很多人来说都是比较困难的，毕竟世上的诱惑太多，所以没有不为名利的超人，只有善待名利的智者。淡泊并不是力不能及的无可奈何，也不是心满意足的孤芳自赏，更不是碌碌无为的哀伤感叹，淡泊就是超脱世俗的诱惑和困扰，实实在在地对待一切，用豁达客观的心态去看待一切的生活。

淡泊是一份豁达的心态，是一份明悟的感觉。"行至水穷处，坐看云起时"，是一种淡泊；"古今多少事，都付笑谈中"，更是一份淡泊。拥有一颗宁静的心，纵然昨天的辉煌顷刻间化为乌有，我们也能冷静地耕耘；纵然今天肩上重荷如山，我们也能乐观地憧憬明天；纵然明天依然荆棘满途，我们也能潇洒地步入后天。

第五节　吸取阳光，积极的心理暗示很必要

我们应该学会把振奋人心的口号喊给自己。这样的自我暗示必将为自己增添战胜困难的勇气和信心。

正确对待心理暗示

我们在生活中常常会有一些"心理暗示"，比如早上看到了喜鹊，大家可能都会想，今天一定会有喜事发生，哪怕最终这只是非常普通的一天，你的心情也会非常愉快；又或者，你昨天夜里做了个噩梦，让你心烦气躁，那么这一天你的心情就会大受影响。这就是我们所说的"心理暗示"，这一术语出来自西方的心理学，指用含蓄、间接的方式对人的心理和行为产生影响。心理暗示往往会使人不自觉地按照一定的方式行动，或者不加批判地接受一定的意见。

人的心理活动分为意识和潜意识两部分：意识活动是我们能够感受到的心理活动，就像浮出海面的冰山，真真切切地发生在你心里；而大部分心理活动我们是意识不到的，也就是潜意识活动，它像海面下的冰山，让我们无从察觉。潜意识虽然不为我们所知，却蕴藏着巨大的能量，时时刻刻影响着我们的认知、情绪和行为。意识和潜意识使用不同的信号，如果两者能够融合在一起，那么产生的心理能量是不可估量的。

心理暗示一般都是通过使用一些潜意识能够理解、接受的语言或行

为，帮助意识达成愿望或启动行为。它能够调动潜意识的力量开发我们自己的潜能，其中最常用的方法就是进行积极的自我暗示。

在研究心理学的过程中，研究人员曾做过一个实验，对象是一名死刑囚犯。研究人员对他说："我们将通过放血的方式对你执行死刑，这是你死前能对人类做的唯一一点有益的事情。"死刑犯听到后点了点头，表示同意。

然后，他被工作人员带到一间小房间里，平躺在床上，一只手伸向另一个大房间，他看不到工作人员究竟在做什么，只能隐约听到隔壁的护士和医生在忙碌着做准备。

此时，护士问医生："准备 6 个放血瓶够吗？"

医生答："恐怕不够，这个人个头挺大，你先准备 8 个吧。"

接下来，护士在他的手臂上用刀尖点了一下，并在他的手臂上用一根细管子放热水，然后热水顺着犯人的手臂一滴一滴地滴进瓶子里，犯人只觉得自己的血在一滴一滴被放掉，热水滴了 3 瓶，犯人已经休克了，滴到 5 瓶后，犯人已经死亡，而且死亡的症状与放血死亡症状一模一样，但事实上犯人一滴血也没有被放出。

或许大家会感到好奇，这名犯人明明没有被放血，可他为什么会死？答案是暗示的作用。暗示现象在日常生活中比比皆是，它对人们的影响也很奇妙，负面暗示通常会给人带来负面影响，而正面暗示也有可能挽救一个人的生命。

卡耐基认为，自我暗示这个名词适用于经由人的五官进入个人意识中的所有暗示与所有自治式的刺激，换句话说，就是一个人用语言或其他方式对自己的知觉、思维、想象、情感、意志等方面的心理状态产生某种刺激影响的过程。自我暗示就是自动暗示，它是人的心理活动中的意识思想的发生部分与潜意识的行动部分之间的沟通媒介。它是一种启示、提醒和指令，它会告诉你注意什么、追求什么、致力于什么和怎样行动，因而它能支配影响你的行为。这是每个人都拥有的一个看不见的法宝。

学会积极地自我暗示

心理暗示也有积极的、正面的影响，这种心理暗示不仅能够让人在绝望的时候重新点燃希望，甚至能够战胜很多不可能战胜的困难。

曾经有这样一句话："一切的成就，一切的财富，都始于一个意念。"

我们还可以再说得简单易懂一点，你习惯于在心理上进行的自我暗示，就是你贫与富、成与败的根本原因。所以，我们一直强调，发展积极心态、走向成功的主要途径是坚持在心理上进行积极的自我暗示，去做那些你想做而又怕做的事情，尤其要把羞于自我表现和惧于与人交际改变为敢于自我表现和乐于与人交际。

有一位在俄克拉荷马州托沙城的一个石油公司工作的打字员，她每个月要花几天的时间，填写一份塞满了统计数字的报表。这样的工作让她很是烦躁。为了改变这种枯燥的工作状态，她想到了一些办法——每天早上，她便准备好所填的数量，尽量在下午去打破自己的纪录，然后再点清一天所做的总数，第二天想办法再打破前一天的纪录。结果，她很快地把使她乏味的报表填完了。

而另一个打字员则是每天都在自己心里暗示自己：这些都是我最喜欢的工作，高高兴兴地去做。没想到，就是这样一个小小的转变，竟然让她成为公司里最得力的助手。

后来这两位打字员将自己的故事写信告诉给卡耐基，尤其是第二位打字员，她十分不解究竟自己是怎么了，就能做到这样的转变。卡耐基回信给她只有四个字——自我暗示。在此之后，卡耐基将这两位打字员的故事收录在自己的著作之中。

其实，这两位打字员都非常主动地采取了各种方法来改变自己枯燥的工作，第一位打字员采用的是合理分配时间，但是在她内心深处，工作依然还是枯燥的。可是第二位打字员却发自内心地喜欢上了自己的工作，这也就是卡耐基提出的"自我暗示"的好处。

其实，心理暗示的特点全在于一个"暗"字，它通常悄悄地潜入人的意识，通过潜意识的巨大力量在人们毫无觉察的情况下直接蚕食人们的情绪和意志，悄悄地改变人们的行为方式。

卡耐基指出，积极的自我暗示的用处很多，范围也很广，只是开始时效果往往并不明显。这不奇怪，人的心理调整不是一蹴而就的，要把原有的心理活动纳入自己所期望的轨道需要具有一定的毅力。万事开头难，只要我们持之以恒，不以途远而怯之，不以效微而废之，日久天长，自我暗示一定能成为我们进行心理调整的得力助手。

心理暗示可以影响一个人的生理现象和心理现象。人是十分情绪化的动物，人的一生主要受情绪的影响，要善于控制自己的情绪，有意识地训练自己进行积极的心理暗示的能力。尤其是当遭遇困难的时候，我们应该对自己说："我能行，我要快乐的生活。"总之，我们应该学会把振奋人心的口号喊给自己。这样的自我暗示力量必将为自己增添战胜困难的勇气和信心。

许多事实都表明，积极心态的核心是积极的自我暗示。"积极的自我暗示"这一法宝具有神奇的力量，它可以让你鼓起信心和勇气，抓住机遇，采取行动，去获得财富、健康、成就和幸福。

第六节　积蓄热忱，对梦想满怀希望

人生的缰绳掌控在自己的手中，生命的纤绳也背负在自己的肩上。只要拥有一颗希望之心，就能奔向理想的人生。

梦想是上天的恩赐

拿破仑·希尔说得好，要想获得这个世界上最大的奖赏，你必须拥有将最伟大的梦想转化为全部价值的开拓者的献身精神，去施展自己的才能。漫长的人生路上有荆棘，也有醉人的花香；有风和日暖，也有雾霭寒潮；有黑夜的降临，也有阳光的普照。

人生有很多梦想，在我们满怀希望地迈出人生第一步的时候，其实梦想就在左右相随。心怀梦想，人生才能永远不停下前进的脚步，因为梦想包含着理想、憧憬、希望、目标和心愿。每一个梦想都是一个美好的期望，有梦想的人生才是真正意义上的生活，它是人生中跳动的活力，也是人生中最悠扬的音符。梦是美的，美梦成真是我们长久以来永恒不变的信仰。

在生活中，人是不能没有希望的，一旦希望破灭，人便失去了精神支柱，进而人的精神便会崩溃，人也就没有生活下去的勇气了，而只要一丝希望尚存，虽然未必能够实现，但在充满希望的过程中，我们因得到了希望和鼓励而精神倍增，也就增添了许多生活的勇气。

热忱让我们充满动力

热忱是一种能够激励一个人对手中的工作采取积极行动的意识状态。不仅如此，热忱还具有感染性，不仅对从事工作的人产生重大影响，而且对所有和它有过接触的人也将产生影响。热忱是行动的动力，热忱同积极心态、成功过程的关系就如同汽油同汽车引擎、汽车之间的关系。

热忱是一股强大的力量，它可以和信心一起将挫折、失败、痛苦和逆境转变为实际的动力，这一转变的关键在于控制思想的能力。如若不慎，你的思想和情绪就会由积极转变为消极。因为热忱，你可以将身上的消极因素转变为积极因素，产生积极的行动。

拥有热忱，我们就能够在做每件事情的时候有热情的火花和无穷的乐趣。一个充满热忱的人，不管他从事什么工作，都会认为自己的工作是一项神圣的事业，并有着浓厚的工作兴趣。对自己的工作怀有热忱的人，不论工作有多么艰辛，或者需要多大的训练，他们始终都会用一种不急不躁的态度去认真执行。只有抱持这种态度，一个人才能够实现明确目标，才能够取得成功。

热忱是一种重要的力量，人若失去了热忱，灵魂便会受到损伤。热忱可以补充你的精力，使你充满力量，并使你养成一种坚强的个性。热忱是所有热情和成功的源泉。你的热忱越高，成功的机率就越高。热忱可以给人带来好处，可如果热忱一旦失控，就会出现可怕的后果。热忱对工作、智囊团都有积极的促进作用。运用热忱要小心谨慎，要批评但又不能浇熄热忱的火焰。真正的热忱是发自内心的热忱。没有热忱，无论你有多少能力，也发挥不出来。你可以从内心中呼唤热忱。何时何地，你都要保持一颗热忱的心。

只要我们的生命没有停止，生活也就没有到达终点。我们不要羡慕他人平稳的生活，不要畏惧苦闷和烦恼，假如我们有足够的信念，这一切就将成为我们生命的源动力。不要管我们过去的生活曾经有多么美好，过去的已经过去，不值得我们去炫耀，唯有现在和将来才是最真实的，才是我们需要努力把握的方向。

生活就是因为有了希望，生命的激情才能不断喷发；生活就是因为有了希望，生命的青春火焰才能持续燃烧；生活就是因为有了希望，才会变得如此灿烂和充满阳光；生活就是因为有了希望，生命才会有延续的渴望；生活就是因为有了希望，未来才会不断令人向往。

我们只有通过努力拼搏，用恰当的方式和正确的途径，才能把梦想变成现实，从而点亮人生，展现辉煌。梦想最大的意义是给予人们一个前进的方向，一个终极的目标。不要把梦想当成做梦，梦想使人伟大，走好人生第一步，为人生道路奠定坚实的基础。

生命是如此的短暂，生命也是如此的可贵，因此我们要珍惜生命，珍惜生活的每一天。只要我们肯努力，只要我们肯付出，所有的努力和付出终将会有回报，有果也必有因，相信因果循环的道理是不会错的。而生活也总是眷顾那些时刻有准备的人们，那么就让我们时刻准备着，寻找和等待机会的降临，然后抓住和把握机会，面对困难和挫折，从容地走出困境，迎接美好生活的到来。

梦想是成长的翅膀，让非凡的梦想引导我们踏出人生最坚实的第一步，请相信，有梦想就会有奇迹。梦想是一种动力，未来是一种期盼，于是我们带着梦想向我们的未来前进。梦想不是空洞的语言，而是背负着我们未来的沉甸甸的行囊。既然你不想抛下这个行囊，你选择了坚持，选择了这个舞台，那么就让我们尽情地挥洒汗水、挥洒青春，为我们的梦想交上一份满意的答卷。

第七节　成事在勤，谋事忌惰

在努力的过程中付出汗水和心血，永远不要说："我明天再做吧！"那么我们就可以自豪地交给人生一份满意的答卷。

勤奋总会让我们有所收获

中国有句老话，叫作"一勤天下无难事"。唐朝文学家韩愈也曾说过类似的话："业精于勤，荒于嬉。"这句话的意思是，学业方面的精深造诣来源于勤奋好学。只有勤奋的人才能在无边的知识海洋里捕捉到真正的智慧，才能不断地开拓知识领域，获得知识的报酬，得到美味的智慧果实。

勤奋是引领我们走向成功的指路标，勤奋是打开绚烂人生之门的金钥匙，所以，不怕困难，不要懒惰，这样的人生才是"勤劳的一生"；默默耕耘，用心付出，这样的人生才是"勤劳的一生"。

卡耐基的父亲非常勤奋，在卡耐基的印象中，他的父亲每天都在忙碌。所以在他的脑海中，他自小就知道勤奋对于人生的重要性。为了能够让自己多多吸收知识，他每天都会到纽约公共图书馆去阅读图书，做最翔实的读书笔记。正是通过这样的勤奋，卡耐基才拥有了比别人更成功的事业和人生。

或许在很多方面，我们都只是平凡的人，没有那些可以让人羡慕的天赋和才华，但是勤奋永远都不会嫌弃我们平庸的资质，因为它才是能够让我们战胜这一切的关键。在我们上学的时候，老师总是会很耐心地告诉我们，勤能补拙，只要你真的下了功夫，就没有任何科目能够难倒你。

明末清初的思想家和学者顾炎武一生勤奋读书，后人评价他为"自少至老，无一刻离书"。

顾炎武有一个习惯，就是不管是在行军中，还是在避乱的时期，他总是用两匹马和两匹骡子驮着满满的书箱，这个书箱随着他东奔西走，好比一个小型的移动图书馆。并且，他不仅仅是阅读这些图书，还会做一些实地考察。每次到了关口要塞，他都要去问问当地的百姓，如果发现有和平时所学不一致的地方，就认真记录下来。回到茶房旅店，他再打开书来检查核对。旅店主人怕多耗灯油，连续催他休息，他说："我多付油资就是了。"有时行进在平原大道上，他就骑在马背上诵读古书，默背考证注释。从此，人们就用"马背书馆"来赞扬顾炎武的苦学精神。

懒惰是人生最大的阻碍

懒惰，分为身体懒惰和思维懒惰，身体懒惰是一种显形的懒惰，容易发现，也容易纠正；而思维懒惰是一种病态懒惰，是一种内在的懒惰，隐蔽性、危害性更大，如果不能及时采取得力措施，予以纠正，那人生将是一种悲哀。

古人有云："流水不腐，户枢不蠹。"美国科学家富兰克林也说过："懒惰像生锈一样，比操劳更能消耗身体。经常用的钥匙总是亮闪闪的。"贪图安逸与时代精神是格格不入的，只有勤奋才是保健之良方。毫无疑问，懒惰者是不能成大事的，因为懒惰的人总是贪图安逸，遇到一点风险就吓破了胆。此外，这些人还缺乏吃苦实干的精神，总想吃天上掉下来的馅饼。但对成大事者而言，他们不相信伸手就能接到天上掉下来的馅饼，而是相信勤奋者必有所获，相信"勤奋是金"这句话的深刻含义。

比尔·盖茨说："懒惰、好逸恶劳乃是万恶之源，懒惰会吞噬一个人的心灵，就像灰尘可以使铁生锈一样，懒惰可以轻而易举地毁掉一个人，乃至一个民族。"

亚历山大征服波斯人之后，他目睹了这个民族的生活方式，这让他极为震撼。因为他注意到，波斯人的生活十分懒惰，他们厌恶辛苦的劳动，一心只想舒适地享受一切。对于这个现象，亚历山大不禁感慨道："在这个世界上，没有任何一样东西比懒惰和贪图享受更容易使一个民族奴颜婢膝的了，也没有什么比辛勤劳动的人们更高尚的了。"

对于任何人而言，懒惰都是一种堕落的、能够摧毁一切的东西。懒惰、懈怠从来没有在历史上留下好名声，未来也永远不会留下好名声。那些生性懒惰的人不可能在社会生活中成为一个成功者，他们永远是失败者。成功只会光顾那些辛勤劳动的人们。懒惰是一种恶劣而卑鄙的精神行为。人们一旦背上了懒惰这个包袱，就只会整天怨天尤人、精神沮丧、无所事事，这种人完全是对社会无用之人。

懒惰、无所事事从来就不是一种荣耀，更不应该成为一种特权。尽管在这个社会上有许多卑鄙的小人满足于白吃白喝，并以大肆挥霍、浪费为荣，但那些稍有头脑、有抱负、有良知的人们毫无疑问都会鄙视他们。这些堕落的贵族与他们自己享有的尊贵荣誉完全不相符，他们早已成了行尸走肉，已经不具有良知和人性了。

著名哲学家罗素指出："真正的幸福绝不会光顾那些精神麻木、四体不勤的人们，幸福只存在于辛勤的劳动和晶莹的汗水中。"只有懒惰才会使人们精神沮丧、万念俱灰，也只有劳动才能创造生活，给人们带来幸福和欢乐。

任何人只要劳动，就必然要耗费体力和精神，劳动也可能会使人们精疲力竭，但它绝对不会像懒惰一样使人精神空虚、精神沮丧、万念俱灰。所以，一位智者认为劳动是治疗人们心理病症的最好药物。马歇尔·霍尔博士认为："没有什么比无所事事、空虚无聊更为有害的了。"美因兹的一位大主教认为："一个人的身心就像磨盘一样，如果把麦子放进去，它会把麦子磨成面粉，如果你不把麦子放进去，磨盘虽然也在照常运转，却不可能磨出面粉来。"

第 4 章

出其不意, 攻其不备的谈判魅力

能够在复杂的情况中看清现实的人, 是智慧的; 能够在变幻莫测的环境中抢夺先机的人, 是冷静的。只有做到了这一切, 才能够在谈判桌上成为不败的巨人。

第一节　把握谈判中提问的艺术

如果你是对的，就要试着温和地、有技巧性地让对方同意你；如果你错了，就要迅速而热诚地承认。这要比为自己争辩有效和有趣得多。

——卡耐基

强大的心理素质是谈判的基础

谈判技巧指的是谈判时使用的最合适、最有效的方法或手段，也可以解释为人们在谈判过程中所表现出来的巧妙技能。技巧不是投机取巧，尤其是在商业谈判中，技巧来自于实践，来自于经验。

实际上，技巧也来自于本能。每个人为了生存，都会下意识地采用一些方法来保护自己。当这些方法屡试不爽时，或者发现别人用这些方法获得成功时，自然会将这些方法作为自己的经验而在今后的人生中使用。所以，虽然技巧有许多种，但如果不去深思，恐怕很少有人会将这些技巧作一番归类，更甭说有意识地选择运用了。

恰当地运用语言艺术可以使对方对你的话题感兴趣，并且乐于听下去，陈词滥调则会令人反感，然后使对方失去与你交谈的兴趣。面对冷漠或者不诚心合作的谈判对手，通过语言技巧的运用，会使对手变得热心起来。在商务谈判中，谈判双方的人际关系的变化主要是通过语言交流体现的。双方各自的语言都是用来表达自己的愿望和要求的。

卡耐基多次强调心理因素在谈判中的重大作用。他说："谈判中的心理因素是至关重要的，甚至可以说，一场谈判就是一场心理战。"

什么叫作心理战？如何运用呢？卡耐基这样总结过：环境对谈判有相当大的影响。这显然证明了一个问题，那就是心理因素在谈判中的重要地位。因为环境与谈判本身不可能发生直接联系，而必然是首先作用于作为谈判主体的人身上，使其心理产生一系列微妙而复杂的变化，进而影响到谈判的进程。

打个比方，如果对方是一个整洁成癖的人，那么你不妨把谈判地点选在一个混乱不堪的地方：桌面不净，地面不清，灯火昏暗，空气浑浊，案头散乱地放着图书和文件资料，烟灰缸里堆满了烟头……这样一来，对方一定会感到格外厌恶，不可忍受，可是他又不得不忍受，因为事先他并没有反对由你来定谈判地点，你不妨对他表示歉意，并尽可能地拖长谈判时间。

那么结果显而易见，他已经无法完全集中精力，无法精确、沉着地进行思考和辩驳，谈判会向有利于你的方向发展。

灵活掌握谈判技巧

当语言表达的这种愿望与要求和双方的实际努力一致的时候，就有利于维持并发展双方良好的人际关系，反之，则会令双方某种良好的关系发生解体，严重时还会导致谈判双方关系破裂。我们来看看，卡耐基为我们提出了怎样的建议：

一、问话需要高明的口才

问话需要口才。利害场合，问话问得巧，可以占优势。

在会议上，我们经常能听到主持者这样发问："不知各位对此有何高见？"虽然从表面上看，这种问话很好听，但效果不好。因为，谁敢肯定自己的见解就高人一招呢？就算是高见，谁又好意思先开口呢？其实，不妨问："各位有什么想法呢？"

提问不唐突，也是不可忽视的。假如在大庭广众之下问对方："你有什么理由可说？""你迟到一小时，上哪儿混去了？"如此唐突的问法令人难以下台，人家一定会不高兴的。

怎样才能问得巧，首先要选择恰当的提问形式。提问形式有多种：

1．限制型提问。这是一种目的性很强的提问技巧，它能帮助提问者获得较为理想的回答，减少被提问者说出拒绝或提问者不愿接受回答的机率。

据说，香港一般茶室因为有些客人在喝茶时放个鸡蛋，所以，侍者在客人要茶时必问一句："要不要放鸡蛋？"心理学家建议，侍者不要问"要不要放鸡蛋"，而要问"放一个还是两个鸡蛋"，这样提问就缩小了对方的选择范围。这种问话显然可以多做鸡蛋的生意。

商务谈判中，运用较多的是了解对方的想法和意图。这也是掌握更多信息的重要手段和重要途径。

2．选择型提问。这种提问方式多用于朋友之间，同时也表明提问者并不在乎对方的抉择。如你的朋友来你家作客，你留他吃饭，但不知他的口味，于是你可以问他："今天咱们吃什么？牛排还是火腿？"

3．婉转型提问。这种提问是为了避免对方拒绝而出现尴尬局面。例如，一位先生爱上了一个女孩子，但他并不知道女孩子是否爱他，此话又不能直说，于是他试探地问："我可以陪你走走吗？"如女方不愿交往，她的拒绝也不会使这位先生难堪。

4．协商型提问。如果你要别人按照你的意图去做事，应该用商量的口吻向对方提出。如你要秘书起草一份文件，把意图讲清之后，应该问一问："你看这样是否妥当？"

以这些方式来进行询问，效果就会好很多。

二、提问要讲究方式，以提高提问水平

话题的选择是一大关键。一位心理学家曾说过：要使对方乐于答话，不如挑他擅长的来说。比如，一个人羽毛球打得好，就可先问："听说你打羽毛球很拿手，是吗？"提问正像打羽毛球的发球，你以对方的特长发问就像特意发了个使对方容易接的球，对方当然乐于接球。各种发问方式都有其优点和局限性。在交际过程中要从交际需要出发，灵活恰当地选择发问方式，从而求得最佳效果。

三、对答如流的奥秘

答问是在交际场合中进行的一问一答，如答记者问、专题对话、论文答辩等，这是一种随机性很强的以回答问题为主的"即席式"发言。它有两个特点：广泛性和随机性。

广泛性——由于对方可以任意提出问题，特别是提问者兴趣更广泛，大至轰动全球的国际事件，小到你的生活隐私，都可以成为他们的话题。

随机性——由于事先不知道对方将提出什么具体问题，很难对自己的发言作系统周密的策划。临场提问往往很突然，可能在你意想不到的地方冒出来，且问题带有跳跃性，只能即时思考，恰到好处地做出回答。

第二节　谈判中让步技巧的取舍

在谈判的辩驳中，"是的"是肯定双方共识的正确前提，"但是"后面才是自己所要做的文章。

在谈判中多肯定对方

詹姆斯·艾伯森发现，一旦让顾客开始就说"是"，顾客便忘了他们之间的争执，并且愿意做自己所建议的事。如果让人一开始说"不"，会有什么后果呢？我们来看看阿弗斯特教授在他的《影响人类的行为》一书中所说的一段话："一个'不'的反应是最难克服的障碍。人只要一说出'不'，他的自尊心就会促使他固执己见。当然，也许以后他会觉得'不'是不恰当的，然而一旦他考虑到宝贵的自尊，他就会坚持到底。所以，一开始就让人对你采取肯定的态度极为重要。"

在谈判的辩驳中，"是的"是肯定双方共识的正确前提，"但是"后面，才是自己所要做的文章。没有人喜欢冗长、拖沓和充满麻烦的谈判。在极少的场合，这些可能难以避免。但大多数情况下，当你坐下和某人谈判时，如果使用一些简单的诀窍将会有助于你走向成功。这些诀窍包括：在开始议价之前设定你的谈判底线、提议更有弹性以及知道有效的谈判技巧。

这些东西看起来很简单，但是人们时常还未准备充分就走向谈判桌。结果，他们的谈判相当糟糕，造成糟糕的交易或全然无法完成交易。即使人们对结果感到满意，但为此付出的代价也使人们怀疑是否值得。

无准备的进入谈判正如没带枪进入战场，在这种情形中，对方无疑会很轻松地获胜。下面让我们来看看赢得谈判的一些方法。其实谈判时是否占据主动立场来自谈判之前你为此作了何种准备。

或许你已经从某处知道，要想在谈判中胜出，你必须在谈判中处于一个有力的立场。我们一般形成最初的印象就是将谈判中的立场与公司规模的大小联系起来。理论上，一家规模宏大或有充分财政资源的某个公司的代表人与规模比较小或财政比较匮乏的公司代表人谈判时，将会自动地具有一种优势。但是，这种假定未必真实。原因如下：

萧伯纳是爱尔兰最杰出的批评现实主义作家。他一生写了5部小说、51个剧本和其他多种作品。他的作品对于资本主义社会进行了深刻的揭露和有力的批评，因而无论是在当时还是后世，都引起强烈的震撼与反响。

在 1894 年，他的新作《武器与人》问世了，首次公演就获得了巨大的成功。在雷鸣的掌声中，萧伯纳终场时应邀上台同观众见面。

意想不到的是他刚走上讲台，就有一个人大唱反调，他歇斯底里地喊道："萧伯纳，你的剧本糟透了，谁要看！收回去，停演吧！"

他的叫喊让全体观众都非常惊讶，也替萧伯纳捏一把汗。这种场面尴尬极了，观众们以为萧伯纳准被会气得七窍生烟。

可萧伯纳不但没有生气，反而满面笑容地鞠了一躬，彬彬有礼地对台下说："是的，我的朋友，你说得好，我完全同意你的意见。"他先用"是的"二字肯定了对方的叫嚣，接着话锋一转，指着广大观众说，"但是很遗憾，我们两个人反对这么多观众有什么用呢？我们能禁止这个剧本演出吗？"全场哄笑，然后响起暴风雨般的掌声。

否定对方的必要

如果对方没有共识的前提怎么办呢？那就要像萧伯纳那样用两分法从无中生有。一个反对派唱完全不符合事实的反调，本没有所谓"共识的前提"，可萧伯纳却说："是的，我的朋友，你说得好，我完全同意你的意见。"无论萧伯纳是真同意还是假同意，用萧伯纳的话说，"一个人无论取得了多么大成就，都不应当自负、自夸"。所以，我们就假定萧伯纳是有真正同意的一面。同时，他采用自嘲的办法，把自己同那位反对派划在一起，以引起"我们两个人"同广大观众的对立，谁是谁非，鲜明对照，一目了然。

金秋的一天，中日双方在北京进行谈判。谈判的议题是关于中国进口日本 FP 汽车存在的质量问题。

双方步入豪华的谈判室，彼此见面时，弯腰鞠躬，彬彬有礼，谈笑风生，气氛是那样的怡然、陶然。这似乎不是在谈判，而是在会客。越是这样，彼此越是感到对手不凡，每一根神经都绷得紧紧的。

我方代表首先发言，简介全国各地对 FP 汽车损坏的反映。这是开场白，引而不发，对索赔金额问题只字不提。

日方深知，FP 汽车质量问题是无法回避的。他们采取避重就轻的策略：只提出一些小的事故，如有的汽车轮胎炸裂、挡风玻璃炸碎、电路有故障、铆钉震断、有的车架偶有裂纹等等。

日方的谈判策略果不出我方所料，日方所讲的每一句话，言辞谨慎，看来都是经过反复研究推敲的。毕竟质量问题与索赔金额有必然联系。我方代表立即予以纠正："先生，车架出现的不仅仅是裂纹，而是裂缝、断裂！请看，这是我们现场拍的照片。"我方代表随手拿出一摞事先准备好的照片递给对方。

日方一震，没料到自己的对手竟如此精明，连忙改口："是的，偶有一些裂缝和断裂。"

中方步步紧紧逼，毫不让步："请不要用'偶有'或'一些'这样的模糊语言，最好还是用比例数来表达，则更为科学准确……"

"对不起，请原谅，由于时间关系，比例数字未作准确统计。"日方以承认自己的疏忽来搪塞。

"那么，请看我方的统计数字和比例数字，贵公司可进一步核对。"我方又出示了准备好的统计数字。

由于双方谁都不肯让步，谈判气氛趋于紧张。日方转而对这批车辆损坏程度提出异议："不至于损坏到如此程度吧？这对我们公司来说，是从未发生过的，也是不可理解的。"

我方拿出商检证书："这里有商检公证机关的公证结论，还有商检时拍摄的录像，请过目。"

日方想步步为营，我方却步步紧逼。最后，日方在大量证据面前不得不承认他们的汽车质量确实有严重问题，不得不签署了赔款协议。

我国在这场罕见的特大索赔案中终于交涉成功了，如果要问这场谈判究竟是如何成功的，其实与其说是我方代表精明强干，抓住了对方的弱点，从而步步紧逼的结果，倒不如说是谈判之前准备充分、资料齐全、证据确凿的原因所致。只有做好了充分的准备，我方才能胸有成竹，应付自如；只有掌握了充分的证据，再狡猾精明的对手在事实面前也不能不认账：这就是"未雨绸缪"的力量。

第三节　1% 的错误会带来 100% 的失败

有些人做大事，认为自己高人一等，胜人一筹，从而忽视小节，结果不但没有提升自己，反而更加失败，因为他们不明白，浩瀚的大海是由一滴滴水融会而成，茂盛的森林是千百棵树连接而成，骄人的战绩更是无数细小的成功凝聚而成。

学会举重若轻或举轻若重

商场上有这样一句话——细节决定成败，也就是说，在很多交易的过程中，往往一个细节便会决定了全局的命运。所以，谈判人员在确定交易细节的过程中要有重视细节的精神，不能忽视任何一个细节。

此外，还有一点要值得注意。谈判是一个斗智的工作，可能出现的情况是，双方为了各自的利益而不顾其他，有时候为了自己的利益而欺骗对方，尤其是对于不熟悉的客户，或者不是长期业务合作的客户。这时候我们就要小心谨慎，不能自以为是，要在合同签署之前，确认每一个细节条款，对于不合理的地方要及时指出，共同商讨，如果不能达成一致，宁愿放弃这次谈判。对此，卡耐基总结了几个非常关键的建议：

谈判时，说话要思前想后，不能顾此失彼，更不能前后矛盾，这是谈判时需要注意的地方。尤其是对说出的关键词、关键数字和关键性问题更要非常注意。在讨论其他问题甚至闲聊时，都要避免说出和这些关键问题相矛盾的语言，否则将会引起对方的猜疑、不信任，从而导致谈判时处于被动的局面。与此同时，尽量不要按照对方的思路走。要千方百计把对方的思维方式引导到你的思维方式上来。要学会举重若轻或举轻若重。

所谓"举重若轻"，也就是在讨论重大问题、难点问题或是双方分歧较大的问题时，我们更要试图用比较轻松的语言去沟通，这样就不至于把谈判双方的神经搞得过于紧张，甚至引发谈判僵局。这样一来不仅能够表明你认真负责的谈判态度，同时也可以利用这些小事冲淡或化解关键的分歧。

如果在关键问题上谈不下去了，我们不妨试着采取一些迂回战术，这就好比"曲线救国"的路线，不能直着走到目的地，那么我们就转个弯，尽管会绕一些路，但是只要能够完成目标，这些就都不算什么了。

在春秋战国时期，苏秦的弟弟苏代就用这种灵活的方式说服了西周，不仅顺利地解决东、西周之间的水利纠纷，而且拿到了双份奖金。

事情的经过是这样的。当时，东周为了发展农业，提高农作物的产量，准备改种水稻。可是，西周在高处掌握着水资源，他们听闻东周要改种水稻的消息，坚持不给东周放水。

想要种植水稻，水量不够是肯定不能实现的。所以东周的人非常着急，他们就在百姓中发放消息说，如果谁能去说服西周放水，国家就给予重奖。苏秦的弟弟苏代看到了公告之后，就自告奋勇去说服西周。

他到了西周之后就对那里的人说："我听说你们不给东周放水，这个决定可不高明，甚至可以说是愚蠢。"

西周人很奇怪，就问："怎么不高明？"

苏代回答说："这个道理很简单啊，如果你们不给东周放水，他们就没有办法改种水稻，但是除了水稻之外，他们可以种小麦。这样一来，你们和东周打交道也就没有主动权了。"

西周人听了之后觉得有道理，就接着问："苏先生，以你的意见怎么办好呢？"

苏代想了想说："如果我要是你们，就给东周放水，让他们顺利地改种水稻。改种水稻可不是一朝一夕的事情，也不是一锤子买卖，每年都需要水。从此，东周的农业命脉就掌握在你们手里了。你们一断水他们就完蛋。他们时刻都得仰仗你们，巴结你们。"

西周人听了觉得有道理。不但同意给东周放水，还重重奖励了苏代。而苏代回到了东周之后，因为完成了任务也获得了大笔奖金。

所以，在谈判的时候，方法只要利用得当，就能达到与苏代相同的

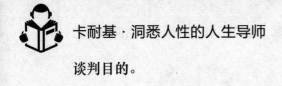

谈判目的。

练就火眼金睛，识破谈判谎言

在大多数的商业谈判中，双方都会考虑到谈判制胜的关键，所以都不会把谈判的机密全盘托出。这主要是出于自我防卫的考虑——如果卖方将他的底细露出，他将为此付出代价；但如果买方把他必须得到的东西泄露出去，他也可能会被敲竹杠。假装无权做出决定，或者是信口许诺却无意兑现承诺，这些欺骗性的东西在谈判桌上都会出现。

法国与中国某公司谈判一个大项目。谈判进行了10天左右仍然没有任何进展，于是法方代表在一次发问后告诉中方代表刘经理："我只剩下两天时间了，希望贵方能在次日拿出新的方案来。"

中方刘经理听到之后，就在分析局势的基础上拿了一套方案，要求法方在原基础上再降价5%。刘经理一边向领导汇报，与助手商量对策，一边派人调查明天下午2点是否有到法国的航班。结果这一天下午2点没有去欧洲的飞机，刘先生认为法方的回国只是演戏，由此判定法方可能还有讲价的余地。

于是他决定继续和法国代表周旋，第二天10点给法国代表去了电话，表示："贵方的努力，我们很赞赏，但双方仍有距离，需要进一步努力。作为响应，我们可以在贵方改善的基础上，让步2%，即贵方再降价3%。"

法方在听到中方的改进的意见后，只能又重新回到了谈判桌上，最后以再降价2%的条件达成了这笔合同。

从这个例子中我们也可以看出，练就一双火眼金睛，探测对方的虚实，在谈判过程中多么重要。法方之所以失败，是因为它的回国谎言在事实面前不堪一击。而中方由于戏做得比较真实，所以赢得了这笔单子。

在谈判中，如果问"这真的是你能提供的最好条件吗"这样的问题，答案总是"是的"。没有人会回答说："这个嘛，实际上，不是这么回事。我只是希望你会这么想。"更好的策略是给对方留有托词的余地。

如果有人对你说："要么接受，要么拉倒。"你姑且不要把这句话当真，你可以马上提出你的建议。因为我们必须判断对手是否在欺骗，也可以看在谈判桌上没说的事是什么。比如：当你就分类广告上发现的二手车进行议价时，你可以问问卖主："关于这辆车，还有什么需要告诉我的吗？"如果你发现这辆车有点问题，而卖主没向你提起过这个问题，那么，你就有理由怀疑卖主是否诚实。

无论你多么了解一个人，你也不可能知晓他所有的想法。在谈判中，人们会运用策略以掩饰自己的真实意图，你更是难以识得他们的庐山真面目。在谈判时，有必要对你的谈判对手做更进一步的判断。

威廉·尤里在他的一本畅销书中建议参与谈判者"走上楼梯去纵览全局"。这是说在心理上你要能够同时身处两地：在中心时，热情参与谈判，同时又能够脱出身来充当一个旁观者，在一旁观看整个谈判的进程。

当你的对手在详述他的要求时，你也应该保持同样的态度。不要只关注谈判者所述的内容，而是要注意看他是否坚持、有信心，是否在自我防卫，有没有显得恼火，或是兼而有之。接着，你就能够更好地做出判断，看看你的对手真正需要什么。

第四节　知己知彼，抓准对方软肋

常言道："凡事预则立，不预则废"，"胸中有竹，方能画竹"。所以，无论完成什么工作，都需要做好充分准备，否则就会事倍功半，收效甚微，劳而无功。

学会"未雨绸缪"

"知彼"，就是通过各种方法了解谈判对手的礼仪习惯、谈判风格和谈判经历，不要触犯对方的禁忌；"知己"，则是指要对自己的优势与劣势非常清楚，知道自己需要准备的资料、数据和要达到的目的以及自己的退路。

"授人以柄"是谈判中最大的忌讳，因为这样一来往往让自己陷入无比尴尬的被动局面。但从反面来看，抓住对方的把柄或软肋，则能轻易占据谈判的主动地位，有利于谈判后期的讨价还价。

"未雨绸缪"这个成语出自《诗经》，原来的意思是在没有下雨的时候，就要把门窗捆绑牢固，后来比喻事前做好准备工作。人们不论做什么事情，总要事先做好准备，做到胸有成竹，方能防患于未然。谈判也是一样。从一定意义上讲，谈判桌上也是兵对兵、将对将的交锋。所以，我们在谈判以前，就必须先摸清对方的情况，制定出几套谈判方案，做到未雨绸缪、胸有成竹。因为每一次的谈判都有很多突发性的状况发生，谈判者不能坐以待毙。

有一位酷爱油画的美国人去意大利旅行，路过米兰画廊时，看到 3 幅让他叹为观止的油画，决定将它们收为己有。当时，米兰画廊的每幅画价格都在 50 美元～80 美元之间。但是，狡猾的老板早就看出了这位美国人对眼前 3 幅油画志在必得的心思，便一口咬死每幅画要 400 美元才卖。这位美国人对画廊老板无故抬价的行为深感不满，但又舍不得这 3 幅画。几经讨价还价，画廊老板却一步不让，这让这位美国人着实气愤。

然而，让这位美国人更气愤的事情发生了。正在他犹豫不决的时候，画廊老板居然抽出其中一幅油画，一把火把它给烧了！这位嗜画如命的美国人赶紧徒手灭火，却无济于事。

心急之下，他不禁对着画廊老板大喊："你疯了吗？这可是一件珍贵的艺术品啊！"

画廊老板却轻描淡写地说："我只知道，卖不出去，再好的艺术品也会沦为废品。"

"您便宜一点，我把剩下的两幅都买走了。"美国人试图再次还价。但这位顽固的画廊老板拒绝降价，更过分的是，他居然从剩下的两幅油画中又抽出一幅，毫不犹豫地付诸一炬。眼看着自己视为珍宝的两幅油画都被轻易地烧毁了，这位美国人终于按捺不住了，说："别烧了，我买，400 美元。"

然而，得寸进尺的画廊老板却开出了 1200 美元的"天价"，气得这位美国人对着老板破口大骂："你欺人太甚，怎么能出尔反尔呢？"

画廊老板并不解释，直接拿出一根火柴，准备烧掉这第 3 幅画。可怜的美国人目睹此景，连忙拦住老板的"愚蠢"之举，径直掏出 1200 美元，乖乖就擒。

这位狡猾的画廊老板固然可恨，但他却是一位了不起的谈判高手。在这场博弈之中，他巧妙地抓住了那位美国人嗜画如命、非买不可的软肋，从而反其道而行之，迫使他不得不高价买下油画。

掌握谈判者的心理

卡耐基曾经这样说过："谈判是心理之战。一定要集中全部精力，使自己的心理尽可能保持平静，不受外界环境的干扰，同时通过各种手段，尽可能地对对方的心理施加干扰。"

下面还有一个和画有关的故事，讲述的正是通过心理战术赢得了胜利：

曾经有一位富翁请人为他画肖像，但是，等到画家花费大量精力为他画好肖像后，富翁却突然反悔，并以画中人根本不是自己为理由拒绝支付已定的报酬。

画家气愤之下心生一计，将这幅肖像挂在了展览厅最显眼的位置公开展览，并且在肖像下面题名为"贼"。

富翁得知后非常生气，极力要求画家将画撤下，还扬言要去法院状告画家侵犯了他的肖像权。

画家平静地拒绝了富翁的要求，并反问道："你不是说，那幅画上的人根本不是你吗？既然如此，这事和你有什么关系呢？"

听闻此言，富翁自知理亏，只能原价买下这幅画。

和前文中敲竹杠的画廊老板不同，这位画家显然是为了维护自己的正当权利，才不得不出此策略。两位卖画者都通过巧妙抓住对方软肋的方法进而迫使对方服从自己的谈判要求。这位画家知道富翁极好面子，重视自己的名声，当然不愿意自己的肖像以"贼"的名义出现在公众眼中，所以，他抓住了富翁的这一软肋，一招取胜。可见，抓住对方的软肋从而迫使对方就范是最巧、最经济的谈判方式。

卡耐基指出，授人把柄固然不妙，但握人把柄显然是谈判中的厉害招数。找准对方软肋，一招击中，往往能起到事半功倍的神效。

所以，谈判能力的表现不是你能够滔滔不绝的说话，而是你能够抓住要点，首先满足客户的需求，再满足自己的需求，在双方都有异议时，就看你平时掌握了客户多少信息，那么，你掌握的信息越多，你就会掌握更大的主动权。谈判的目的是达到双赢以及共同利益的最大化。

第五节　巧用激将法，事半功倍

在求人办事的过程中，有时别人并不应允，如果直截了当地请人办事，他们也会一再拒绝，在这种情况下，巧用激将法则会起到平时难以达到的效果。

将对手逼上"梁山"

从心理学的角度看，"激将法"是运用人们的心理代偿功能，即每个人都有自尊心、荣誉感，但有时由于某种原因，如果自尊心受到自我压抑，会出现自卑、气馁的状态，此时，正面开导与说服往往不能使之振奋，而有意识地运用反面的刺激性语言"将"他一军，反倒能使自尊心从自我压抑中解脱出来，达到新的心理平衡。

我们先来看看美国黑人富豪约翰逊的经历：

在 1960 年，约翰逊决定在芝加哥为公司总部兴建一座办公大楼，为此他出入无数家银行，但始终没贷到一笔款。于是，他决定先上马后加鞭，他设法将自己的 200 万美元凑集起来，聘请了一位承包商，要他放手进行建造，好让他自己去想方设法筹集所需要的其余 500 万美元。如果钱用完了仍然拿不到抵押贷款，他就得停工待料。

从建设开始并持续施工，到剩的钱仅够再花一个星期的时候，约翰逊恰好和大都会人寿保险公司的一个主管一起吃晚饭。他拿出经常带在身边的一张蓝图，但是当约翰逊正准备将蓝图摊在餐桌上时，承包商说："在这儿我们不便于谈工作，明天到我的办公室来。"

第二天，当约翰逊断定大都会公司很有希望给他抵押借款时，他说："好极了，唯一的问题是今天我就需要得到贷款的承诺。"

谁知道保险公司主管突然改口道："你一定是开玩笑，我们从来没有在一天之内给过这样贷款的承诺。"

约翰逊非常生气，他把椅子拉近，并对保险公司主管说："你是这个部门的主管。也许你应该试试看你有无足够的权力，能把这件事在一天之内办妥。"

保险公司主管听闻，淡淡地笑了笑说："你这是逼我上梁山，不过，还是让我试试看。"

当然，保险公司主管在尝试过后，本来他说办不到的事终于办到了。

用"激将法"说服别人，务必找到并击中对方的要害，迫使他就范。就这件事来说，要害是主管对他自己权力的尊严感。

约翰逊在谈话中暗示，他怀疑那位主管是否拥有那么大的权力。主管听了这话，感到自己的权力的威严受到挑战：那好，我就证明给你看！人的自尊、名声、荣誉、能力……都可以作为"激将战法"中的武器。

挖掘个人潜力，激将对方向更有挑战性的工作奋斗

在 1981 年，经历了最初 5 年的辉煌发展之后，美国苹果公司面临电脑业巨人 IBM 的挑战。当年 8 月，后者推出了 IBM 的个人电脑 PC(Personal Computer)，仅仅花了两年的时间，PC 的销售额就超过了苹果。这对苹果公司是一个非常大的挑战，如何应付成为了当年最有看点的热门话题。

为了对抗 IBM 的强大市场竞争，苹果公司创始人史蒂夫·乔布斯决定广纳贤才。他首先邀请的是百事可乐总裁约翰·斯卡利出任苹果 CEO，相信他会让这棵未老先衰的苹果树"枯木逢春"。可谈了几次，约翰·斯卡利始终不为所动，最后，乔布斯以一句狠话达到了激将的目的，他说："如果你留在百事可乐，5 年后你只不过多卖了一些糖水给小孩，但到苹果，你可以改变整个世界。"

正是这一句激将的话深深打动了约翰·斯卡利，他再也不能无动于衷了。很快，约翰·斯卡利接受了邀请，加盟苹果公司，出任 CEO。如今，苹果公司已发展成为全球最大的计算机企业之一，不能不说，这与乔布斯的谈话艺术有关。

乔布斯在多次邀请未果的情况下，巧妙地以"只不过多卖一些糖水给小孩"这样富有刺激性的语言一下子激起了约翰·斯卡利"干大事，

创大业，改变整个世界"的精神，并且他指出对方其实很有潜力，只是没更好更大的平台，而苹果公司则能够让他"改变整个世界"，如此激将一下子让对方充满了激情，从而顺利地将其招至麾下。俗话说："请将不如激将。"在谈判中，不妨抓住对方的"兴趣点"，巧妙激将，从而使你的谈判成功。

分析两种选择的不同结果，从而警醒、触动对方

现如今，"百度"早已成为中国网民最热衷使用的搜索工具，在 2005 年 8 月，百度公司正式在美国挂牌上市。李彦宏亲赴浙江大学主持校园招聘，并与在百度程序大赛中获奖的 17 名学生共进早餐。尽管有的同学有到百度工作的想法，但是并不坚定，毕竟有很多国外大企业更吸引他们。

李彦宏心中也清楚学生们的顾虑，在吃饭的时候，他很诚恳地邀请道："我想问问大家，你们是想做一条舒服的虫，还是做一条骄傲的龙？面临 IBM、微软、Google 以及本土公司百度，同学们将如何做出选择？"

在大家还在思考的时候，李彦宏说道："你们梦想去那些国外大公司，无非是想过舒舒服服的日子，不想奋斗，不想实现自我价值，这样的人永远是一条小虫子，没有什么影响力和成就感。而在百度工作，你必须全力以赴，发挥最大能力，因为对手是全球著名的公司，这有利于激发个人潜能，让大家在短短几年获得快速成长，干出成就。因此，在百度工作就如一条骄傲的龙，充满了自豪与自信。"

李彦宏的话语使面临职业选择的学子产生了强烈共鸣。他们

很快就接受邀请跟百度签了约。

李彦宏的话语不落俗套，他将去国际大公司工作看作是"做一条舒服的虫"，到国内小公司工作看作是"做一条骄傲的龙"，是做一条舒服的虫，还是做一条骄傲的龙？两种选择的结果不言自明，二者对比之下，同学们不由得在他阐述的两者不同的工作意义和价值中做出正确选择。可见，在邀请他人时，不妨针对邀约的目的，提供两种情况给对方，并加以对比，以此警醒、触动对方，从而达到谈判成功的目的。

运用激将法一定要因人而异，要摸透对方的性格脾气、思想感情和心理。对那些老谋深算、富于理智的"明白人"不宜使用这一方法，因为他们根本不会就范。对于自卑感强、谨小慎微和性格内向的人也不宜使用此法，因为这些人会把那些富于刺激性的语言视作奚落和嘲讽，因而消极悲观，丧失信心，甚至产生怨恨心理。

卡耐基也曾经表示，如果运用激将法，还要掌握好刺激的火候，火候太过，会造成客户的心理压力，诱发出逆反心理，客户就会一味固守其本来的立场、观点；火候不足，语言不痛不痒，激发不起对方的情感波动。

在谈判中有时适当采用激将的办法，可以激发对方的谈判兴趣，也有可能使对方暴露意图，而使自己占据主动。但是要特别提醒，谈判代表不可过度使用激将法，免得将对方激怒了，所以激将法还需要把握好度，要根据谈判实际情况而定。有时愤怒及其他强烈的感情用事行为也可以作为有效的谈判手段，但此法必须慎用，要经过仔细考虑后才能主动表现出来。这种方法在军事、政治谈判中常会出现，而商务谈判则较少使用。

商务谈判为的是争取最大的权益，过于主动表示只会让对方提高底线，不利于自身利益。当谈判濒临破裂边缘时，适时地说几句肺腑之言，往往能消除彼此间的成见，化干戈为玉帛。适时的直率是为了保证谈判继续进行，也是为了给对方一个好的印象，有利于谈判的成功。

第六节　沉默是一种无言的武器

沉默是一种处世哲学，也是一种艺术，一种美德。不经意中受到他人伤害，面对挑衅、被人误解时，沉默是宽容，沉默有助于和谐社会的构建。

适度的沉默是谈判中的金子

在谈判的过程中，人们想到的往往是慷慨陈词、激动争执的场面，其实，还有一种无声的谈判叫作"沉默是金"。

纵然，滔滔不绝、口若悬河的谈判方式能在气势上压倒对方，取得谈判的主动权。但是，这并不是万能的谈判方式。当双方都处在风口浪尖，争执一触即发时，不妨闭上嘴巴，让情绪冷静下来，也让自己趁机喘口气，重新审视一下谈判局面。有时候，装聋作哑胜于口若悬河。谈判高手从来都是熟谙"该出声时就出声"和"此时无声胜有声"的双重门道。

爱迪生不仅是发明大王，还是一个谈判高手。当爱迪生多次试验、历尽挫折终于成功发明发报机后，兴奋得不知该用什么来衡量这项惊世之举。爱迪生便征求妻子的意见，爱迪生的妻子很精明，想以这台发报机为自己谋得足够的钱财，建议爱迪生报价2万元。虽然爱迪生不知多少钱合适，但显然，他觉得两万元实在太高了，甚至高得令自己难以启齿。

面对络绎不绝前来购买发报机的商人，一谈到价格问题，爱迪生便以沉默来应对。爱迪生选择沉默当然不是要终止买卖，心里自然有自己的小算盘：既然自己也不知道卖多少钱合适，而妻子给的参考价又太高，那就等着对方来开价吧！终于，美国一家公司在同爱迪生谈判时，面对爱迪生从头到尾闭口不谈价格的尴尬局面，多次询问无果后，按捺不住了。公司经理试探性地问道："这样吧，我开个价，10 万元，您觉得这个价格合适吗？"这个价格对爱迪生而言自然是意外的惊喜。

就这样，在这场谈判中，关于发报机的价格，爱迪生始终保持沉默，但最终却以大大高于他的预期价格谈成了这笔生意。可见，"沉默是金"着实不虚。当你在谈判中无计可施的时候，不妨以沉默来调整自己的思路，同时也可以给对方制造一种神秘感，变被动为主动。

沉默更是一种学问

著名保险销售员博恩·崔西曾说过："沉默是一种哲学。"善于口诛笔伐的鲁迅先生也发表过"沉默是最有利的回答"的高见。在以嘴巴为武器的谈判中，适时的沉默往往能给人制造一种紧张的气氛，无形之中给对方施加了压力。俗话说，祸从口出。一旦开口，对方难免从口中找出蛛丝马迹，而选择沉默则关闭了输出信息的通道，反倒让对方无以应对。

沉默并不是回避，也绝对不是没有主见，相反，是另外一种谈判技巧。当你对对手的某个方案或要求深感不满，但一时又找不到突破口时，不妨选择沉默，以沉默来表示你的想法，从而迫使对方终止自己的要求或提出新的方案。

沉默还是一种蓄势待发、重整旗鼓的谈判策略。在谈判桌上，双方都习惯于滔滔不绝地表达自己的意见，试图以先声夺人来占据先机，将自己的要求印在对方脑海中。然而，物极必反，在一连串的连珠炮中，人们往往只能记得其中的只言片语。但是，以短暂的沉默终止对方的"高谈阔论"，强迫对方停下来听自己说，是一种强调自己意见的策略。

沉默还是一种避实就虚的谈判技巧。当对方的提问令自己无从回答时，不妨选择沉默，以回避对自己不利的答复，同时这种沉默的态度让对方对你的真实想法无从知晓，从而迫使对方调整问题以便继续谈判。

常言道，言多必失。沉默一方面可以让自己减少祸从口出的概率，另一方面，将说话的时间留给对方，而自己选择沉默地倾听。这样可以很好地调动全身的注意力，并且能借此时机更好地观察对方的微表情、动作，由此获取更多对方的信息。发掘更多事实真相，也能更好地探索对方的真实动机和意图，从而为接下来的谈判找到更多的突破口。

卡耐基在谈判技巧中非常明确地指出：谈判中，谈判双方都会刻意隐藏自己的真实意图，却想方设法引诱对方先开口说话，在敌在明我在暗的情况下探明对方的真实情况，再伺机出招，打对方一个措手不及。而沉默无疑是保持神秘、打探对方信息的最好方法。

当然，我们强调的"沉默是金"是指适时、适度的沉默，而非谈判全程都一言不发。而且，沉默也得分场合，因地制宜。如果和对方关系比较熟，一味选择沉默则容易造成不尊重他人的误解；而当面对对方挑衅时，沉默则容易给人软弱可欺之感，反倒会助长对方的气焰；当谈判处于紧张激烈的决定性时刻，沉默则意味着自行放弃了发言权，难免让自己陷于谈判劣势，长期、多次的沉默则会令谈判陷入一场死局，最终不欢而散。

可见，沉默是金还是土，得视具体情况、场合而定。当谈判陷入尴尬或火药味十足的时候，适时沉默可以巧妙缓解谈判氛围；当谈判气氛愉悦或到了决战时刻，一味的沉默却会适得其反。所谓的谈判艺术，便在这张口、闭口之间。

谈判桌上，并不是谁说得越多，谁得到的就越多。只有关键性的话语和决定才是评判谈判胜负的因素。除关键时刻之外的其他时候，不妨闭上嘴巴，以沉默来化解各种尴尬。

任何谈判都要注意实效，要在有限的时间内解决各自的问题，有些谈判者口若悬河、妙语连珠，总能在谈判的过程中以绝对优势压倒对方，但谈判结束后却发现并没有得到多少，交易结果令人失望，与谈判中气势如虹的表现不相匹配，可见在谈判中多说无益。

沉默不仅能够迫使对方让步，还能最大限度地掩饰自己的底牌，在没弄清对方的意图前不要轻易地表态。在正常的谈判中，对于同一个问题一般总会有两种解决方案，即你的方案和对方的方案，你的方案是已知的，如果你不清楚对方的方案，则在提出本方的报价后，务必要设法了解到对方的方案再做出进一步的行动。

对手保持沉默是想使你感到不安，促使你不断地说话，以获得有用的信息。这属于一种以守为攻的防御策略，也是他们在谈判中经常使用的手段，因为此时他们答应你也不好，不答应也不好，想借此有一个转机。

碰到这种情况，我们要主动地设法让对方将这种意思表达出来，询问他们的沉默是否意味着我们之间还有什么沟通不到位的地方。这就是谈判，胜负往往在于一念之差，手中的牌是好是坏并不会完全决定最后的胜负，关键要看局中人的技巧和智慧，即使是手握一把烂牌，他们也能起死回生，相反，如果缺乏相关的技巧，手握一把好牌，也会输得狼狈不堪。

第七节　适当保全他人的面子

人活一张脸，面子就是人的尊严，给对方面子，满足别人的自尊心，不会损失你什么，相反还会给你带去意想不到的惊喜。

"面子理论"是人际关系学中的核心

"面子理论"是用于论述和诠释礼貌现象的人际关系理论，但该理论是建立在西方文化基础上的，所以，对于其跨文化普遍性问题，中外许多学者提出了不少质疑。

在中西方文化中，"面子"具有不同的文化特征。探讨和对比不同文化背景下的语言和行为中体现出的面子文化的差异有助于消除东西方人士在交往中的障碍，有效促进跨文化交流。

卡耐基在自己的著作中曾提出这样的观点，在交际的过程中，一方面，我们要注意，说话者必须要关注对方；另一方面，说话者也必须要维护一定的独立性，同时对对方的独立需求也表示尊重。面子的矛盾性就表现在，如果给予对方过多的关注，势必会威胁到自己的权利和独立性；但是，当说话人维护自己的权利和独立时，可能会侵犯对方的权利和独立，同时又会降低对对方的关注。

大多数文明国家都非常重视个人的名誉，所以我们在谈判时也应照顾对方的"面子"。名誉、信用或面子等等，不管你如何称呼它，对于不同的人们具有不同的意义。有时候，被某人视为不光彩的事反而是别人眼中成功的表率。譬如大多数人都相信利用旁人的弱点是不道德的事，但相反地，某些人却赞扬这种能力。对于同一件事，这两种人会有截然不同的反应和评价。

　　卡耐基曾经在一份报纸上看到这样一则报道：通用电气公司面临着一个需要慎重处理的问题，即免除查尔斯·史坦恩梅兹计算部门主管的职务。这个人在电气方面是一流的专家，可是，他却并不能胜任计算机部门主管这份工作。那么，就下达免职令，解除他的职务吗？结果是不能，公司少不了他；而他又特别敏感，容易激动。最后，公司给了他一个新的头衔，让他担任"通用电气公司顾问工程师"，工作和以前一样，只是换了个头衔。与此同时，他们巧妙地让另外一个人担任了计算部门的主管。

　　看过之后，卡耐基陷入了深深的思考，他发出这样的感慨："让他保住面子，这一点多么重要！如果一个员工没有尽其职责，工作出现失误，领导批评他是应该的，但要选择正确的方式教导，目的是不让他再次犯同样的错误，而领导如果在他人面前呵斥下属，找差错，挑毛病，很少考虑人家的自尊心，就会让他保不住面子，挫伤他的自尊心。"

　　运用保住他人"面子"的方法去解决问题，多说几句体谅的话，对别人的态度宽容一些，就可以减少对别人的伤害。你痛过，就知道别人有多痛。

给对方面子就等于给自己余地

　　要想取得良好的谈判成果，使双方能较愉快地达成协议，就不能忽视人自身的因素。具体来讲，首先要尊重对方，在具体协商时要给对手留足面子，留下台阶，这样才有利于问题的解决和妥协的达成。

某商场曾发生过这样一件事。一位顾客将穿过一段时间的衣服拿来退换，售货员看出洗过的痕迹，如果直接指出，很可能出现不愉快且尴尬的场面。机敏的售货员和气地说："我想是否你们家的哪位成员把这件衣服错送到洗衣店了？记得我家也出过这样的事，我把刚买的衣服和其他衣服堆在一起，结果，我爱人没注意，把新的和旧的都扔到洗衣机里了。你是否也遇到了类似的事？因为这件衣服确实有洗过的痕迹，你只要将它与货架上正卖的新衣服比较一下就清楚了。"

那位顾客感到隐瞒不过，而售货员又为她的不恰当做法准备了借口，给了她面子，最后她只好心悦诚服地收回退货要求，一场一触即发的"战争"就这样避免了。

在商业谈判中要给对方留面子，在其他的谈判中也一样。在领导与下属相处过程中，不要因为是领导就独断专行，这样会给你带去意想不到的麻烦。因为人活一张脸，面子就是人的尊严，给对方面子，满足别人的自尊心，不会损失你什么，相反还会给你带去意想不到的惊喜。

不论是结交朋友还是管理下属，都应该注意给对方留足面子。领导给下属面子是对下属最好的激励，能够使下属更加努力地工作。即使下属犯了错，给他一个台阶下，他也会更好地反省自己，也才更加信服你所说的话。

李华是一家食品公司的业务经理，工作中一直勤勤恳恳，为公司创造了很大的利益，也得到老板的赏识。但在一次代收货款时，因为家中母亲生病做手术急需钱，李华情急之下把代收的4万元公司货款寄回家去。回到公司，李华战战兢兢地向老板说明了情况，老板表情冷峻没有说一句话。接着，老板就召集公司的员工开了一个全体会议。此时，李华已经做好了接受批评的心理准备。

但是意想不到的是，老板一开始就向李华表示了歉意，并在会上说自己对员工关心不够，接着就把李华家里的不幸在会上告诉了大家。最后，老板叫秘书拿出 4 万元钱，并说这钱是个人借给李华的，让李华打了一个借条，并且承诺以后每月从李华的工资里面扣除。这样，李华挪用的公司公款就变成了李华与老板个人之间的借贷关系。此时，全场响起一片掌声。

自那以后，李华更加努力地工作，把公司当作自己的家。其他的员工也为自己有这样一个好老板而感到幸运，也都非常卖力地工作。公司的发展也越来越快，没有两年就从一个只有十几个人的小公司发展成为有上百人的集研发、生产与销售为一体的大型公司。这样的结果可能也是老板当时没有想到的。

给他人面子，也是给自己面子，何乐不为呢？请记住，谈判桌上的智慧：人活一张脸，树活一张皮。学会为别人留面子，别人也才会为你留面子。谈判中给对方一个台阶下，会给你带去意想不到的收获。

第 5 章

擦拭心灵，来一场整顿情绪的革命

我们每个人的内心都有一个情绪引导师，但是这个引导师并非万能，所以我们要时刻提高它的能力，让它把握我们内心中情绪的每一个细微变化，让我们来主导情绪，而非是被情绪所主导。

第一节 冲动是魔鬼，愤怒意味着无知

如果在愤怒时说话，将会做出最出色的演讲，但却会令你终生感到悔恨。

——安布罗斯·比尔斯

不要让愤怒蒙蔽自己的双眼

卡耐基曾说过，当我们发怒时，情绪就会蒙蔽我们的眼睛，扰乱我们的思维，干扰我们的理智，动荡我们的心灵，它会让我们的身心都处于一种非正常的状态，从而做出与我们的真实想法背道而驰的选择。有时候，这种选择足以让我们毁灭。

公元前 203 年，在历史上，这是非常关键的一年，因为这是楚汉相争的关键时刻。为了打通粮道，解决军中严重缺粮的危机，西楚霸王项羽决定东击彭越。

在临行之前，项羽把大司马曹咎叫到跟前，嘱咐他说："谨守成皋，则汉欲挑战，慎勿与战，毋令得东而已。我十五日必诛彭越，定梁地，复从将军。"这句话的意思是，要曹咎无论如何要在他离开的时间内守住成皋，一定要等他回来再和汉军决战。

在项羽走后的前几日，曹咎一直谨记项羽的交代，所以任凭汉军怎么挑衅，他都坚决按兵不动。可是，时间久了，曹咎禁不住汉军的激将法和诱敌计，他无法忍受汉军升级的辱骂，最终被

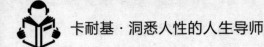

愤怒冲昏了头脑，被虚假战机蒙蔽了眼睛，凭着一时之气，置项羽的命令于不顾，贸然率军离城出战，结果在渡汜水时中计，导致大败，而他自己也畏罪自杀了。成皋失守后，汉军掌握了战场主动权，项羽的败局就此确定。

大司马曹咎被激怒后的冲动让他忘记了自己的职责与使命，忘记了当前的目标与任务，最终在错误的心态下做出了错误的决策。这一决策不仅使他丢失了守卫的重镇，丢掉了自己的性命，更丢弃了一个王国的历史机遇，甚至直接导致后期所有的变化。试想一下，如果曹咎能够稍微忍耐一下，结局就会有很大的变化，或许历史就此改写。

愤怒能够让一个人做出错误的决定，但同时也能带给人无穷的动力。

有一次，卡耐基去采访美国国际公司总裁马休·C·布纳逊，总裁讲述了这样一段成长经历，在他年轻的时候，他非常在意别人对他的批评，甚至会产生非常愤怒的情绪。

卡耐基听到这里，就问道："那么，您是如何看待这种愤怒呢？"

总裁哈哈大笑道："起初还是很在意的，后来才发觉，想要避免批评，就要自己更加努力。"

卡耐基听完之后，表示非常赞同。后来，在这位总裁去世之后，卡耐基也曾经这样表示，只要是居于上位的人，就不可避免会遭到批评，你唯一的妥善对策就是不要把它放在心上。这种观念产生了巨大的良性效果。我们要确立并遵循一项基本原则：拟订计划时，务求考虑周全；一旦付诸实行之后，就要不在乎别人的任何批评。

切勿让冲动主导了自己的思想

一个人被激怒的时候，也正是他的心理防线最脆弱的时候，此时，一点儿风吹草动就能令他彻底失去判断的能力而全线崩溃。所以说，如果你想要做出一番事业，首先就要学会制怒，遇事先冷静地思考，千万不要冲动，以免陷入他人布下的陷阱。

曾经，有一位运动员在愤怒、冲动之下错手杀害别人，成了阶下囚。在没犯罪之前，这名运动有着辉煌的战绩，他曾经多次带队参加全国和国际性比赛，并取得了好成绩。为此，国家体委曾给他记功授奖，还曾选他为省里的"十佳运动员"。那么，究竟是什么让这名运动员走上犯罪的道路呢？

这位运动员有一位温柔漂亮的妻子，但他只顾着自己的事业，长年奔波在外，参加训练和比赛，对家庭照顾极少，忽略了妻子的感受。妻子要上班，又要一个人带孩子、做家务，经常忙得焦头烂额，心中难免会有怨气，抱怨丈夫不体贴。久而久之，夫妻间的矛盾随着情绪恶化、相互埋怨而逐渐愈演愈烈。

后来，他的妻子认识了一位做汽配生意的老板。这位老板为运动员妻子的美貌所倾倒，就对她大献殷勤、关怀备至。就这样，运动员妻子理智的防护堤决口了，她与这位关心自己的老板走到了一起，而此时运动员正在外地比赛。

比赛归来后，毫不知情的运动员见妻子对自己很冷淡，不禁恼羞成怒，他冲着妻子大喊道："你是不是变心了，不想跟我过了？"

谁知妻子也毫不示弱："我就是看上别人了，就是不想跟你过了，怎么样？你觉得这日子还能过下去吗？"

这句话就像晴天霹雳，让运动员完全慌了神，他无暇去思考妻子为什么会有如此大的转变，反而陷入了"被戴绿帽子"的羞愤之中。他给了妻子一记重重的耳光，转身离开。就这样，一个和美的家庭出现了难以愈合的裂痕，最后他们选择了离婚。

直到有一天，运动员和其他朋友们聚会，当看到别人都带着孩子、妻子，全家幸福美满的样子，他在心里哀叹唯独自己孤身一人，于是他决定回去看看前妻和孩子。

到了妻子住的地方，他也曾试想过好言相劝，哄回前妻，但没想到的是，他正好撞上了前妻和那位老板在一起。按道理，此时的他已没权利去干涉前妻的个人感情，但他却被心中的怒火烧得失去了理智。陷入愤怒的他指着那位老板的鼻子问："你是谁，深更半夜到这里来干什么？我的家就是你毁的吧……"

他的前妻觉得莫名其妙，想要拉着老板走人，但是那位老板却得意扬扬地数落起运动员来，并搜罗出所有不好的词语来打击他。此时，运动员再也控制不住满腔怒火，抢起拳头就朝那位老板脸上击去，接着又是两拳，就这样几下子，老板的五官就血如泉涌，瘫倒在沙发上。他的前妻被吓坏了，立刻将老板送往医院，但已经来不及了，老板因为流血过多不治身亡。而运动员自己也要承担故意杀人的罪行。

就这样，一位事业如日中天的运动员，此刻却没有了所有的光环，变成了一个杀人犯。运动员的怒火是发泄了，但法律是无情的，他也为自己的行为付出了惨重的代价。

从这位运动员的悲剧中我们应该懂得这样一个道理：遇事一定要冷静。尤其是在我们情绪不稳定的时候，就更不能因为旁人的话语而受到影响，一定要控制住自己的情绪。因为愤怒一旦控制了我们的情绪，理智就会完全丧失，人们就会不计后果地做出一些愚蠢的事情来，给他人也给自己带来伤害。

但是，如果愤怒能够被有效引导，这种情绪就可以转化为强大的力量和顽强的斗志。沙场上的战士，只有怀着对敌人的无比仇恨，愤怒地投入战斗，才能不畏惧强敌，在勇猛作战中博取胜利。事业上的智者，只有把自己的愤怒转化为奋力工作、致力超越的坚强意志和坚决行动，才能使自己既不为愤怒所伤害，又能在证明自我的过程中妥善解决引发愤怒的症结。

另外，我们要知道，被别人激怒后，抑制自己的愤怒并不能从根本上解决问题。因为，在抑制愤怒的过程中，能量会消耗殆尽，你的心理也会严重受挫。要想解决这一问题，最好的办法就是不被激怒，时刻保持冷静和宽容，面对别人的愤怒不要多想，因为他的愤怒并不是针对你。而当你转变了一个角度去思考时就会发现，理智地对待别人的每一句话，不被激怒，你就能让自己保持冷静。所以，在某些时候，不要太在乎别人的感受，也不要误入别人的情感圈套，被别人所利用。

第二节　不要把时间花在争论上

如果你总是争吵、辩论和反驳，你也许会得到一时的胜利。但那只是短暂而空虚的，因为对方永远不会对你产生好感。

——富兰克林

不要做无用功

在现实生活中，如果你仔细观察，就不难发现，90％的辩论结局都是——参加辩论的人更加坚持他们的见解，并对此深信不疑。你不可能在争吵中获胜。因为你吵输了，也是输；你吵赢了，还是输。或许有人不能理解这是为什么，其实，即使你真的击败了他人，把他辩得体无完肤，甚至还证实他神经有问题，那么然后呢？你会感觉很好，可他呢？你会让他感到自卑，你伤害了他的自尊，他会嫉恨你。而且就算你表面上说服了他，但在心底里，他还会固执己见。

在很多年前，曾经发生过这样一件事情。帕特·奥哈尔先生是个非常喜欢与人争辩的人。他曾经是一名汽车推销员，他很努力推销他的卡车，但始终没有成功。其实他的卡车性能非常好，可为什么就是无人问津呢？这就源于帕特·奥哈尔先生自身的问题：他一直在和客户争吵，这样做的后果就是，将那些真正想要购买的人群拒之门外。毕竟没有人会愿意和一个情绪暴躁的推销员去合作。

如果有人说他卖的卡车质量次，他就会恼怒地想要抓住人家的喉咙并大声争辩。尽管奥哈尔在很多次争论中赢了，但是他依然没有卖出一辆车。后来，他终于想通了，他对自己说："我常在走出办公室时说我要让那些家伙知道我的厉害，我确实让他们知道了，但我也没能卖给他们任何东西。"

在开始改变自己的推销方式之后，奥哈尔先生已经成为纽约怀特汽车公司的明星推销员。

林肯曾经责备一位经常与同事激烈争吵的年轻军官："一个人若想成功，他是不会把时间花在与人争论上的。因为他很少能承担后果，包括发火和丧失自控力。当你和别人拥有同等权力时，你可以多做些让步。当你觉得自己有道理时，不妨少做些让步。与其跟一只狗争路，被狗咬伤，不如让狗先行。因为即使把这只狗打死，也不能治好你的伤。"

争论只能给你带来敌人

在罗斯福担任总统期间，他曾坦言道："如果每天有 75% 的时候是对的，那么他就达到自己最理想的效果了。"

"仇恨从不以仇恨为终结，而是以爱为终结。"误会永远不会因为争吵而解开，只有通过巧妙的交流与沟通、体谅他人的立场，才能使误会消解。

当富兰克林还是一个经常犯错误的年轻人时，一天，一位教友会里的老教友把他叫到一边，狠狠地训斥他："你太不应该了。你总是打击跟你意见不合的人，你那挑衅的语气没人能承受，你的朋友发现当你不在场时，他们更高兴。你自己也知道，没有人会再告诉你什么。确实，没有人愿意和你说话了，因为这样只会让大家都不开心。所以，以后我们不想知道你的任何事情。"

富兰克林听从了朋友们的意见，接受了他们最严厉的指责。他清醒地认识到，这些话是对的，他面临着严峻的社交问题。从此以后，他努力地改变自己，逐渐地改掉了自己无礼、固执的行事方式，并成就了一番伟业。

你可以用神态、声调或是手势示意一个人错了，就像我们用言语一样有效。如果你直接告诉他们说他们做错了，你以为他们会认错吗？不，永远不会！因为你直接打击了他们的智力、判断、自信、自尊，他们会马上向你反击，而且你休想再让他们改变主意。别妄图用柏拉图、康德的理论来说服他们，你改变不了他们的主意，因为你已经伤害了他们的感情。

千万别在一开始就说："我要证明给你看。"那样会很糟，那等于是在说："我比你聪明，我要用事实来改变你的想法。"

这无疑是一种挑衅，会引起对方的反感，无须等你再开口，他已经准备反驳你了。即使是在气氛最缓和的情况下，想要改变别人的意志也是十分困难的。为什么要增加这种难度呢？为什么不阻止自己呢？

如果你想要证明什么，不要让其他人知道。做的时候要灵活而巧妙，不要让别人觉察到你在做什么。

苏格拉底曾屡次对他的门徒这样说："我所知道的只有一件事，那就是我什么也不知道。"我们不比苏格拉底更聪明，所以，我们也尽量不告诉别人说他做错了。

卡耐基提出，如果你能承认自己也有可能犯错，你就会避免一切麻烦，所有的争论都会平息，同时你的对手也会被感动，像你一样以一种开诚布公的态度来看待事情。

卡耐基避免争论的方法

一、欢迎异见。俗话说："人们总需要持不同意见的朋友。"如果有人对你提出异议，你应该衷心感谢。这样可以让你避免犯大错。

二、不要过分相信直觉。听到对方的反对意见时，人的本能反应是自我保护。不要过分相信直觉，因为这可能是你不好的地方，要心平气和。

三、控制好你的情绪。记住，人可以根据一个人在什么场合下发脾气，判断他的气质和修为。

四、学会倾听。给意见相反者一个机会陈述，不要阻止他，让他完整地表达出他的意见。学会倾听，增强对对手的了解。

五、努力寻求共同点。听完了反对意见，首先找到你们相同或相近的地方。

六、勇于认错。发现自己的错，勇于向对方承认。这样有助于双方相互了解。

七、认真考虑反对意见。要承认他们的意见可能有合理性。认真考虑不同意见是理智的做法，不要等对方说："我早说了，你就是不听。"

八、感谢提出反对意见的人。因为关心同一件事，才会出现分歧。把对方看成是能给你帮助的人，或许你们能成为朋友。

九、不急于行动，给双方留一个空间。

第三节　平衡心态：让悲伤到此为止

如果错过了太阳时你流了泪，那么你也要错过群星了。

——泰戈尔

让心情平静下来

很多人没有意识到，他们经常会产生这样一种奇怪的情绪：为昨天失去的果酱而悲伤后悔，却不在意今天该怎样把那果酱涂在面包上好好地享用一番。这样的人总是不知不觉地陷入一种莫名的忧愁、烦恼与后悔中，而忽略了生活中其他美好的事物。遇到了挫折，一直为此耿耿于怀，

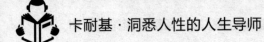

心怀沮丧，这样是解决不了问题的，只能徒增悲伤。如果你仅仅专注于过去，因过去而悔恨，那么，总有一天你也会因失去今天而痛悔不已。

那些曾经发生的事实是我们无法改变的。因此，不要为此难过，不要为此后悔，我们改变不了它们，但是我们可以改变现在和未来。

在"卡耐基课堂"上，学员格列佛说出了自己压抑许久的心事，原来他的内心一直都无法获得真正的平静。他内心充满恐惧，任何微小的声音都能让他心惊肉跳，他有时会毫无来由地大哭大叫起来。所以，他的每天都是苦恼的连续，他甚至产生过轻生的念头。

听到格列佛这一番话之后，几乎所有的学员都感到非常吃惊，只有讲师卡耐基露出了会心的微笑。其实他早就知道每一个学员内心深处都有自己的秘密，甚至有些学员内心无法获得平静，所以他一直鼓励学员们，让他们说出自己内心最不平静的事情，借此来获得平静。而格列佛做到了。

格列佛继续讲述着自己的遭遇，为了改变环境，他决定到其他地方去，在临行前，他的父亲给他写了一封信。在信中，他的父亲写道："我最亲爱的儿子，现在你已经身在千里之外的异乡了，可是我知道你的心境并未改变，因为你把烦恼的种子也带到那里去了。其实，让你一蹶不振的是你对这些事情的思考方式。当你能够领悟到'人才是心中思想的表现'的时候，就是你回家的时候，因为那时你的病已经痊愈了。父亲永远在家里等着你。"

当格列佛说完父亲的这封信之后，卡耐基不禁大声叫好，他对格列佛说："我们大家都要记住，一个人心灵的平静和生活的乐趣，并非取决于他拥有何物、有何地位或置身何种情境，总之，与个人的外在条件毫无联系，而是取决于个人的精神态度。"

船到桥头自然直

我们不要为打翻的牛奶而哭泣，一味地为已经发生的事叹气摇头，换来的将是一辈子的悔恨不已。所以，要相信"船到桥头自然直"，对于无法改变的事情，积极地去面对未知的事情，从而使自己的后悔情绪得到平定。

布兰妮常常为许多事情发愁。她无时无刻不因自己犯过的错误而后悔。一次考试成绩不理想，她便在之后的很长时间里都因为自己当初没有好好复习而后悔。那些已经做过的事情每天都在她脑子里循环回放，然后她总是在心里希望自己当初没有这样做过。她还总是回想那些自己说过的话，然后认为当初没有把话说得更好，并为此后悔半天。

生活中像布兰妮这样的人有很多，他们总是回忆自己犯的错误，总是执迷于已经发生的事，使得自己后悔不已、寝食难安。然而，对于已经发生的事情，再后悔又能怎样呢？还能将事情改变吗？还能将形势逆转吗？有的只是追悔莫及而已。不如置之不理，好好地把握现在，努力做好每一件事，以使将来不再为现在的不足而后悔。

发生过的一切都是过去式，无法代表未来，所以当面临已经存在的错误或不幸时，就要充满信心与之进行反抗，而不能让后悔的情绪占据整个内心，否则你将因此错过更多。要知道，错事不是用来后悔的，而是用来警醒自己的。我们可以从中吸取教训，然后指导实践，来面对过错或不幸，只有鼓足勇气，怀有十足的信心去改变它才是聪明之举，反之，你只会陷入悔恨情绪的漩涡中，无法自拔。沉溺于后悔的情绪中只会使

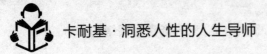

存在的过错成为成功的绊脚石。因此，请不要因昨天失去的果酱而后悔不已，请珍惜今天已拥有的同样可口的果酱。

人之不如意十之八九。无法改变的事，忘掉它，有机会补救的，抓住最后的机会。后悔、埋怨、消沉不但于事无补，反而还会阻碍新的前进步伐。

一位前重量级拳王谈到失败时说："比赛的时候，我忽然感到自己似乎老了许多。打到第十回合，我的面部肿了起来，浑身伤痕累累，两只眼睛疼得几乎睁不开，只是没有倒下罢了。我模糊地看见裁判员高举起对方的右手，宣布他获得比赛的胜利。我不再是拳王了。我伤心地穿过人群走向更衣室，有人想和我握手，另一些人则含着眼泪，失望地凝视着我。一年以后再度与对手交战，我又败了。要我完完全全不想这件事，实在是太困难，太痛苦了。但我仍是对自己说，从今以后，我不必生活在过去，不要为打翻的牛奶哭泣。我一定要勇敢地面对这一现实，承受住打击，决不能让失败打倒我。"

这位前重量级拳王实现了他的诺言。他承认了失败的事实，跳出烦恼的深渊，努力忘掉一切，集中精神筹划未来。他把精力投入到经营比赛、宣传和展览上。他使自己忙于具有建设性的工作，没有时间为过去烦恼。这使他感到现时的生活比当拳王时的生活还要快乐。他在不知不觉之中实践着莎士比亚的一句名言："聪明人永远不会坐在那里为他们的损失而哀叹，却情愿去寻找办法来弥补他们的损失。"

生活在这样一个竞争激烈的社会，我们应该具有这样的生存智慧，因为我们手中的"牛奶瓶"随时都有可能会被别人打碎，瓶子中的牛奶随时可能一滴不剩。此时，不要抱怨，也不要哭泣，更不能心灰意冷，消沉下去。"甑已破矣，顾之何益"，"不要为打翻的牛奶哭泣"，让我们怀着宽阔的胸襟，记住这些简单的道理，让我们带着积极的态度，记住这些教训，挺直腰，大踏步地向前走。只有这样，我们才能走过坎坷，成为生活的强者，才能在前进中实现生命的价值，成功也才会在不远的地方向我们招手。

很多时候，我们总是因为"一瓶打翻的牛奶"而纠缠不休，却忽略了一个很重要的事实：世上再美妙的事情，都有其兴衰和成败。大仲马说："人生是由一串串无数小烦恼组成的念珠，达观的人是笑着数完这串念珠的。"这位参透人生的大文豪用自己的经验告诉我们，人生烦恼是客观存在，是无法避免的，关键是要笑迎烦恼，然后从中吸取教训，不断总结，最终达到有升华。唯有如此，你才能在人生的道路上取得引人注目的成功和辉煌。

所以，不必忧虑和悲伤，不必流眼泪。在这个世界上，人们难免有失策或愚蠢的行为，那又怎么样呢？谁都会犯错误的，拿破仑在参加的所有战役中有2/3是被打败的，也许你的平均率不会比拿破仑更坏。

第四节　抛开忧愁：不做"烦恼大王"

在我们所担心的事情中，有99％是根本就不会发生的。如果我们根据概率法考虑一下我们的忧虑是否值得，并真正做到长时间内不再忧虑，我们的忧虑有90％都可以消除。

烦恼并不是真正的难题

假如我们能给生活中的各种忧虑划出一个"到此为止"的界限的话，我们会发现生活原来可以如此快乐。学会对自己说："这件事情只值得我担一点点心，没有必要去操更多的心。"

林肯认为："一个人实在没有时间把他的半辈子花在争吵上，要是那个人不再攻击我，我就不会记他的仇。"获得心理平静的最大武器之一，就是要有正确的价值观念。卡耐基也在自己的著作中多次提到类似的理论。

我们通常都能很勇敢地面对生活中那些大的危机，却被那些小事情搞得垂头丧气。大多数时间里，要想克服因为一些小事情引起的困扰，只要把自己的看法和重点转移一下，你就会找到一个新的、使你开心一点的想法。

有一天，卡耐基在自己的课堂里迎来了一位非常奇怪的学员，他穿着非常绅士，戴着一副金边眼镜，脸上挂着职业性的微笑，可是他的双手在桌面上分别握成拳头叠放在一起。卡耐基很耐心地等待着他开口，可是他却总是静坐在旁，静静地聆听其他学员的发言。

卡耐基注意他足足有十多分钟，可他一点也不慌乱，似乎没有在意别人正注视着他。最后，卡耐基终于忍不住问他："这位绅士，请你谈一谈，轻松地讲几句，怎么样？"

没想到这样一句简单的话，竟然让那位男子一下子慌了起来，他赶快站直身子，有些慌乱地说："我是位商人，我没有什么好说的。我的生活很简单，我父亲不经商，他是一位教师，我不会演说。四个月前，我和女友刚结婚，我说不出什么来。"

卡耐基还是专心地听这位年轻商人漫无头绪的谈话，发现他现在很不自在，卡耐基就开解道："不妨你慢慢想想，你的困扰和烦恼究竟是什么？"

年轻商人深吸了一口气，伤心地说："几年前，我女儿不幸暴病而亡，那时候她才五岁，我和我的妻子都哀恸不止。十个月后，我妻子又生下一女婴，但在第五天又不幸夭折，我内心的悲伤是难以言表的。"

卡耐基继续鼓励他说下去，年轻商人继续说道："所幸我现在还有一个四岁的儿子，可是我很烦躁，每天都在担心，儿子会不会也遭遇不幸。直到有一天，我的儿子跑来让我给他做玩具，做完了之后我才发现，原来这几个小时，竟然是我这么多年来精神最放松的时刻。"

卡耐基听完这位年轻人的叙述后，十分欣慰地说道："我的结论是，当你忙忙碌碌地从事某种必要的工作时，烦恼就不可能袭来，或者可以驱逐你内心的烦恼。忙碌有助于解除我们的不安，其实我们内心的很多烦恼正是因为我们想了太多，其实有时候，放松一下，生活并没有你想得那么糟糕。"

无意义的烦恼等于浪费时间

在课堂上，卡耐基常常会对学生们说："烦恼或者忧虑对我们每个人而言都是毫无益处的。当它们来临时，我们就得承受它们，在承受时，就得自己想办法消除它们。也许我无力消除你们在学习、生活、工作中的一半的烦恼，不只是我，任何人都不能，只有靠你自己。"

的确，正如卡耐基所说，他所能做的是将自己和别人如何成功地减轻苦恼的方法介绍出来，告诉大家，而以后该怎么办就全靠个人，没有人能够替代。

假如你是企业经营者，那么，不要把时间花在开会或讨论上，过多的会议只是纸上谈兵，是不切实际的。要以效率、健康、幸福为着眼点，改变自己的工作方法。

此外，卡耐基还说，获得轻松的方法因人而异。例如，有的人在烦恼时必须埋首于工作中，有的人必须谨记"人生非常短促，不要拘泥于小事"。

能接受既成事实，这是克服随之而来的任何不幸的第一步。能接受最坏的情况，就能让你在心理上激发出新的承受能力。忧虑最大的坏处是摧毁我们集中精神的能力，一旦忧虑产生，我们的思想就会到处乱转，从而丧失做出决定的能力。

要在忧虑摧毁你以前改掉忧虑的习惯，下面是排除忧虑的一条重要规则：让我们看看以前的纪录，并算出一个平均概率，然后问问自己，我现在担心发生的事情，发生的概率有多大？我们有50%的忧虑可以立刻消除。

第五节　活在当下：今天比昨天 和明天更宝贵

我们的过去不复存在，我们的未来不见踪影。所以，我们要做的事情非常简单，不必为过去和未来愁苦，只需真实地活在当下。

我们需要珍惜的是"今天"

"抓住今天"是老作家姚雪垠的一个座右铭。他每天写作、读书、研究十几个小时，在长达20年的时间里从不间断。这种精神不正是告诉我们要珍惜时间吗？

总有一些人存在"欺骗自己"的不良状态，他们总认为只要今天过得快乐了，那么今天的事情明天再做也不迟。这样一而再再而三地拖下去，他们终究是一事无成。试问，春天交了白卷的人，到秋天，他还有资格唱丰收之歌吗？

这个道理其实大家都懂，珍惜今天，抓住机遇，成功之路就在等候我们；荒废时间，放弃机遇，人生将是穷途末路，且充满黑暗和风险。所以，抓住今天，以旺盛的精力、不屈不挠的奋斗精神，勇敢地面对生活、面对未来。

古人说的"机不可失，时不再来"也就是这个道理吧。时间是最无情的、最可怕的。在它面前，任何东西都变得渺小、短暂。时间匆匆，到了明天，明天又变成了今天，而每个今天之后都有无穷尽的明天。

"明日复明日，明日何其多。我生待明日，万事成蹉跎。"短短的几句诗，是先辈千折百曲、历经磨难的生活体验的结晶。只有抓住了今天，才是抓住了获取知识的机会；只有抓住了今天，才抓住了发明创造的可能。

聪明、勤奋、有志向的人深深懂得时间就是生命，甚至比生命还宝贵。他们决不把今天的宝贵时光虚掷给明天，伟大的发明家爱迪生从来都珍惜时间，他不仅用在车上卖报的间隙搞实验，而且在发明电灯的过程中，他几乎不分昼夜埋头在实验室里，渴了，喝口凉水；饿了，啃块面包；困了，趴在桌上打个盹。不仅爱迪生如此，牛顿、居里夫人、爱因斯坦……一切有梦想、有成就的人莫不如此，他们决不沉湎在昨天之中，也决不空空观望明天，他们永远从今天开始。

相反，对有些人来说，时间就像代表它的那本日历，撕了这一张，还有下一张，撕完了这一本，还有下一本，他们却不思考要在洁白如雪的日历上留下自己辛勤奋斗的汗水和学习、工作的收获。

元代的陶宗仪撰写的《南村辍耕录·卷十五》中有一则寓言，说有一种"寒号鸟"，它拥有嘹亮的歌喉，整天唱个不休，冬天到了，夜里它冻得瑟瑟发抖，哀叫着明天要垒窝。可是到了第二天，太阳出来了，"寒号鸟"沐浴在阳光中，享受了温暖，又忘了夜里的寒冷，不去垒窝。就这样日复一日，寒号鸟始终未垒起窝。一天，刮起寒冷的北风，下起了大雪，"寒号鸟"被冻死了。

在人的一生中，今天是最重要的，不要把现在应该做的事拖到明天或将来。时间中唯有"现在"最为宝贵，抓住了"现在"，亦是抓住了时间，成功就会向你招手。总是等到明天再做的人，将是一事无成的人。

活在当下是一种人生哲学

就像卡耐基说的一样："人性最可怜的就是，我们总是梦想着天边的一座奇妙的玫瑰园，而不去欣赏今天就开在我们窗口的玫瑰。"人生当中到底哪一刻最重要？不是过去，因为过去的事情已经过去，也不是将来，因为将来的事情的实现，还得靠把握现在。昨天是一张作废的支票，明天是一张虚幻的期票，而现在却是你唯一拥有的现金。

活在当下，幸福不在远处。因此，不要为逝去的"过往"再去后悔，也不要为未知的"将来"而担心，而是努力把握"现在"。对我们来说，活在当下，以阳光的心态迎接每一天，过好每一天，实现每一个小小的目标，赢得每一点小小的快乐，从生活的种种细节中感受幸福的滋味。

过去已不能挽回，未来尚无把握，唯有现在最实在。聪明的人可以欣赏过去，憧憬未来，但一定要活在当下。

过去的经验可以总结，教训可以汲取，但过去的永远不会再来。未来可以憧憬，可以通过努力去创造，但未来再美好毕竟是个未知数，只有现在最可靠。现在是过去与未来的连接点，旧的"现在"去了，新的"现在"跟着就来，无数个"现在"已成了过去，无数未来终会变为"现在"，正如李大钊所说的："过去未来皆是现在。"

如果你已经明白时间是我们生命中宝贵的资源，那么珍惜时间最重要的是我们对待事件的态度，如果我们真心在意，就会着手去做，立刻就开始，绝不拖拉到明天。

释迦牟尼说："不悲过去，非贪未来，心系当下，由此安详。"佛祖寥寥数语便道出了人生幸福的真谛：一切随缘，活在当下。佛祖的话真是点石成金。相比之下，自己在寻找什么呢？又在忙碌什么呢？是否那种永无止境的满足，永无止境的追求，甚至对"命运打击不到的领域"无止境的探索，偏离了自我存在的真正意义。

当然，活在当下并不意味对未来不思考、不计划。如果根据自己的行动做分析整理，并对未来做出预测及计划，这正是活在当下。当你活在当下时，就没有过去拖在你后面，也没有未来拉着你往前，你全部的能量都集中在这一时刻，生命因此具有一种巨大的张力，使你全身心投入、丰富和满足自己人生的生活方式。明白了这个道理，无论从哪个层面去看，都是一种进步。

"当下"就应当好好珍惜，要抱着一颗感恩的心来看待世间的人和事，多一份爱心，多一点宽容，多一些理解，不要把可以去做但没有去做的事当作遗憾留在心头。往事如烟，已随风而去，未来像云又像雾，飘忽不定。对世态炎凉，人间冷暖，要看得开，放得下，一切随缘，一切随意，安然面对，泰然处之，用心生活。人生最大的悲剧不是面对失去，而是没有好好把握当下。感谢上苍让我们存在，感谢父母给了我们生命，感谢所拥有的一切。当明天太阳升起的时候，笑容依然灿烂，活在当下，珍惜每一天。

人的一生可浓缩为"三天"——昨天、今天、明天。昨天与今天有扇后门，今天与明天之间有扇前门。这"三天"中，今天最重要，过去的事情就让它过去吧，明天的事等它来了再说，最要紧的是，做好今天的事情。有人说，要过好今天，第一件事是"学会关门"。把通往昨天的后门和通往明天的前门都紧紧关住。这样，人一下子变得轻松了，你的生活中也就会增添许多快乐与满足。明日永远都不会来，因为来的时候已经是今天了。只有今天才是我们生命中最重要的一天，只有今天才是我们生命中唯一可以把握的一天，只有今天才是我们唯一用来可以超越对手、超越自己的一天。

同样，生命的意义也只能从当下去寻找，过去的事均已过去而不存在，不论过去是多么美好令人怀念，或是多么丑陋令人厌恶，我们都没有必要沉湎于过去的情绪中，人生的事没有十全十美的。所以，让我们每一天都能真实地活在现实，活在当下，珍惜我们活着的每一天。

第六节　常怀感恩：感恩的人很少为事情犯愁

> 忘恩比之说谎、虚荣、饶舌、酗酒或其他存在于脆弱的人心中的恶德还要厉害。
>
> ——英国谚语

感恩是一种情怀

感恩节是美国人非常重视的一个法定假日。在这一天，各种信仰和各种背景的美国人，共同为他们一年来所受到的上苍的恩典表示感谢，虔诚地祈求上帝继续赐福。

我们中国人也常常说："滴水之恩，当涌泉相报。"因为，感恩是一种美德，学会了感恩才能学会做人，才能让自己的人生道路少一些阻碍。

落叶在空中盘旋，谱写着一曲感恩的乐章，那是大树对滋养它的大地的感恩；白云在蔚蓝的天空中飘荡，绘画着那一幅幅感人的画面，那是白云对哺育它的蓝天的感恩。因为感恩才会有这个多彩的社会，因为感恩才会有真挚的友情，因为感恩才让我们懂得了生命的真谛。

感恩，是人性善的反映，是一种生活态度，是一种品德。如果人与人之间缺乏感恩之心，必然会导致人际关系的冷漠。不懂得知恩图报、反而忘恩负义之人，必是遭人唾骂的无耻之人，所以，每个人都应该学会感恩。

有一位老板，生意做得很大，赚了许多钱。为追求更多的利润，他对员工很严格，甚至到了苛刻的地步。如果员工犯了错，他便会厉声责骂，丝毫不给员工留情面，因此公司里的员工都对他心存畏惧。

老板的母亲将儿子的变化看在眼里，并且对他粗鲁的言行也略有耳闻，她一直想规劝儿子，但没有合适的时机。

有一次，当这位老板和家人用晚餐时，电话突然响起。这位老板在电话里大骂销售部经理办事不力，使公司销售额略有下滑。

当他带着怒气回到餐桌继续用餐时，他的母亲便对他说："你这样对待你的员工是不对的！你不要认为自己生意做得很大就了不起。你要知道，如果没有那些员工，你只不过是'垃圾堆里的老板'，你自己好好想一想！"

老板听完母亲的话后，一脸茫然，完全不明白他母亲所说的"垃圾堆里的老板"是什么意思。

直到有一天，公司放假，这位老板想到办公室去处理一些事情。他到了办公室后，发觉办公室没有人清扫，显得有些零乱，和平日整洁明亮的样子大不相同。他想喝杯咖啡，却发觉自己连烧水用的水壶都不会使用。过了一会儿，老板开始处理事情，但是他找不到相关文件，也找不到档案，想发电子邮件给客户，也没有秘书帮他打字。结果忙了大半天，他都没能顺利地完成一件事。

这时，他才领悟了他母亲所说的"没有那些员工，你不过是'垃圾堆里的老板'"这句话的含意，原来，他的生意之所以能够成功，都是用这些员工平日的辛苦换来的，并不是老板一个人的功劳，要是没有了员工，怎么会有老板今天的成就呢？

这位老板自从体会到了这个道理之后，一改以往对待员工苛责的态度，代之以对员工的鼓励、信任，并提高了员工的福利待遇。员工们感受到老板明显的改变后都很惊讶，为了回报老板为他们所做的一切，大伙都更加努力工作。结果，公司的业绩更上了一层楼。

当然，在生活中，不仅仅是老板要对员工感恩，更重要的是，我们应该对每个人都表示感恩，父母子女之间如此，同事之间如此，夫妻之间更应如此。

学会感恩

作为一个人，不要过多地奢求什么，不要过分地抱怨生活的不公，命运的不平，造化的弄人。相反，我们应该常怀一颗感恩的心，感恩大自然，感恩父母兄弟，感恩师长爱人，感恩朋友路人……

事实上，我们每个人每天的生活都依赖着他人的奉献，而我们却忘记了要感恩。心怀感恩是维系人际关系的不二法门。既然我们知道人与人之间有所不同，就应该放下抱怨、苛责，心怀感激，对他人的付出有所回报，这样你的人际关系就会越来越好，而你自己也会从中受益更多。

学会感恩，学会理解爱、给予爱，学会用宽阔的胸襟包容生活。我们不能摒弃这样一种包含真善美的情怀，就像我们无法抛弃生活一样。正因为我们学会了感恩，才会发现生活中有很多感人之处；正因为生活要求我们用感恩的心态去面对，我们才知道生活的意义。

感恩有你，感恩有我，愿大家在以后的人生道路中时刻感恩，勇敢面对生活，在生活中，只要需要我们感恩的机会出现了，或是出现一种暗示需要我们表达感恩时，我们就应该把我们的感恩之心表达出来。当你懂得感恩时，你就会获得好人缘，就会获得他人的帮助与支持，就会更加幸福。

感恩，是一个人不可磨灭的良知，也是现代社会成功人士健康性格的表现，一个连感恩都不知晓的人，必定拥有一颗冷酷绝情的心，也绝对不会成为一个对社会作出贡献的人。感恩是一种对恩惠心存感激的表示，是萦绕在每一位不忘他人恩情的人心间的情感。学会感恩，是为了将无以为报的点滴付出永铭于心；学会感恩，是为了擦亮被灰尘掩盖的心灵而不致麻木。

正如卡耐基所说："时刻想一想，我们应该感谢别人的恩情，并对他人由衷感激。"

第七节　面对现状：不要试图改变不可避免的事

心甘情愿地接受吧！接受事实是克服任何不幸的第一步。

——威廉·詹姆士

勇敢面对现状，才能把握未来

比尔·盖茨先生曾经在公开场合多次强调，在人的一生中，我们会遇到许多不公平的经历，这些都是无法逃避、无所选择的。我们只能接受已经存在的事实并进行自我调整，抗拒不但可能毁了自己的生活，而且也许会使自己精神崩溃。既然我们无法改变不公和不幸，那么就要学会接受它、适应它。

荷兰阿姆斯特丹有一座 15 世纪的教堂遗迹，里面有这样一句让人过目不忘的题词："事必如此，别无选择。"

生命中总是充满了不可捉摸的变数，如果它给我们带来了快乐，当然是很好的，我们也很容易接受。但事情往往并非如此，有时，它带给我们的会是可怕的灾难，这时如果我们不能学会接受它，反而让灾难主宰了我们的心灵，那生活就会永远失去阳光。

成功学大师卡耐基也说："有一次我拒不接受我遇到的一种不可改变的情况。我像个蠢蛋，不断做无谓的反抗，结果带来无数个无眠的夜晚，我把自己整得很惨。终于，经过一年的自我折磨，我不得不接受我无法改变的事实。"

在漫长的人生旅途中，我们常常会遇到那些令人沮丧的事情，甚至有很多事情我们无力去改变它，既然如此，我们就只能去接受，并且适应它。就如那句老话所言——"既来之，则安之"。

哲学家威廉·詹姆斯曾给过我们这样的忠告："要乐于承认事情就是这样。能够接受发生的事实，就是能克服随之而来的任何不幸的第一步。"

已故的布斯·塔金顿也总是这样说："人生加诸我身上的任

何事情，我都能承受，但除了一样——失明，那是我永远也无法忍受的。"在60多岁的时候，他遭受到了人生之中非常重大的打击，有一天他低头看地上的地毯，却突然发现他无法看清楚地毯的花纹。为此他去找了一个眼科专家，证实了那不幸的事实：他的视力在减退，有一只眼睛几乎全瞎了，另一只也好不了多少。他最担心的事情终于在他身上发生了。

很多人都以为，他无法战胜这次命运的捉弄，可是，他却并没有因此而颓废，在塔金顿完全失明以后，他曾经这样说："我发现我能承受视力的丧失，就像一个人能承受别的事情一样。哪怕是我五种感官全丧失了，我知道我还能够继续生存在我的思维里，因为我们只有在思想里才能够看，只有在思想里才能够生活，无论我们是否清楚这一点。"

这就是生活的强者塔金顿的想法。有很多人到了年老之后，对于疾病的接受程度会普遍比较高，但他们战胜疾病的欲望也随之降低。可是塔金顿并没有这样选择，为了恢复视力，在一年的时间里，他接受了12次手术，并且这12次的手术都带有一定的风险，如果他不选择接受手术，他的生活也不会受到太大的影响，可是塔金顿不想选择逃避，所以唯一能减轻他痛苦的办法就是勇敢地去接受它。

他拒绝在医院里用私人病房，住进了普通病房，和其他的病人在一起。他试着去使大家开心，他总是尽力让自己去想他是多么幸运。"现在科学的发展已经有了这种技巧，能够为像人的眼睛这么精细的东西动手术了。""我真庆幸，我是在60岁之后才患有眼疾，这让我拥有足够的时间去完成我想做的事情。"

一般人如果经历12次以上的手术和长期黑暗中的生活恐怕都会变得

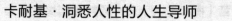

神经质了，可是塔金顿却说："我可不愿意把这次经历拿去换一些更开心的事情。"这件事教会他如何接受灾难，使他了解到生命带给他的没有一样是他力所不及而不能忍受的；这件事也使他领悟了富尔顿所说的"失明并不令人难过，难过的是你不能忍受失明"这句话的道理。

假如生活遇到了困难

假设一下，如果我们的生活遭遇了种种磨难，那么我们会不会因此而退缩，或者是为它难过呢？我们不可能改变那些已经发生的不可避免的事实，但是我们可以改变自己，让自己变得坚强起来。

这是不是说，在碰到任何挫折的时候，都应该低声下气、俯首帖耳呢？不，绝对不是这样，那样就成为宿命论者了。无论在哪一种情况下，哪怕还有一点挽救的机会，我们都要全力以赴。如果现实告诉我们，事情是不可避免的，也不可能再有任何转机，那么，为了保持我们的理智，我们就不要左顾右盼，无事自忧了。

莎拉·班哈特可以说是最懂得如何适应那些不可避免的事情的女性了。50年来，她一直是四大州剧院里独一无二的"皇后"，是全世界观众最喜爱的一位女演员。可是在她一帆风顺的人生即将走到尽头的时刻，她不幸破产了，所有的钱都损失了，而她的医生、巴黎的波基教授还告诉她一个噩耗，为了她的身体健康，她必须选择把腿锯掉。

那一年，她已经71岁高龄。

事情是这样的，她在横渡大西洋的时候遇到罕见的暴风雨，由于甲板地面很滑，再加上她年事已高，她重重地滑倒在甲板上，腿受了重伤，并且染上了静脉炎和腿痉挛。看着她忍受着那种剧烈的疼痛，医生们认为她的腿必须锯掉。

医生有点担心把这个消息告诉莎拉，毕竟她已经年过七十，再加上莎拉是一名出色的女演员，这种打击是致命的，甚至很有可能让她一蹶不振。但是他错了，莎拉只是看了他一阵子，然后很平静地说："如果真的非这样不可的话，也只好这样了。这就是命运。"

当莎拉被医生推进手术室的时候，她的儿子站在一边哭泣。她却朝他挥了挥手，面带微笑地说："不要走开，我马上就会回来的。"

在去手术室的路上，莎拉一直在背她演出过的一场戏中的一句台词。有人问她这样是不是为了给自己打气，她却说："不是，我是想让医生和护士们放松，他们的压力可大得很呢！"

当手术完成，恢复健康之后，莎拉又继续环游世界。她的观众又为她着迷了 7 年。

爱尔西·麦克密克在《读者文摘》的一篇文章里说："当我们不再反抗那些不可避免的事实之后，我们就可以节省精力，创造更丰富的生活。"

卡耐基表示，任何人都不会有足够的情感和精力来抗拒那些不可避免的事实，同时又创造新的生活。你只能在两者之间选其一，你可以在生活中发生的不可避免的暴风雨之下弯腰屈身，或者你可以在抗拒它们的过程中被摧毁。

"对必不可免的事，轻松地去承受。"这句话是在耶稣基督出生前 399 年说的，然而在今天这个充满忧虑的世界，人们比以往更需要这句话。

第6章

不要试图改变不可避免的事

对于所有人而言，"家"都是个温暖的存在，它给我们提供精神食粮，让我们在广阔天地间奋斗的时候，内心有一个柔软的依靠。但不是所有人都能够将家变得温暖，所以也需要我们不断地给予它养分和温度。毕竟，家是我们每一个人的港湾。

第一节　勿施于人，不做无用的批评

倘若自己所不想要的，硬推给他人，不仅会破坏与他人的关系，也会将事情弄得不可收拾。己所不欲，勿施于人，人与人之间的交往确实应该坚持这种原则，这是尊重他人、平等待人的体现。

己所不欲，勿施于人

早在 2500 年前，孔子就说了一句老话："己所不欲，勿施于人。"这句话道出了做人的真实意义。

所谓"己所不欲，勿施于人"，就是用自己的心去衡量别人的心。自己希望怎样生活，就想到别人也会希望怎样生活；自己不愿意别人怎样对待自己，就不要那样对待别人；自己希望在社会上能站得住，能通达，就应该帮助别人站得住。总之，从自己的内心出发，推及他人，去理解他人，对待他人。"己所不欲，勿施于人"简单地说就是推己及人，它和我们民间常说的将心比心，设身处地为别人想一想，指的都是一个意思。

这句话也是处理人际关系的重要原则。孔子所言是指人应当以对待自身的行为为参照物来对待他人。人应该有宽广的胸怀，待人处事之时切勿心胸狭窄，而应宽宏大量，宽恕待人。

人生在世除了关注自身的存在以外，还得关注他人的存在，人与人之间是平等的，切勿己所不欲施于人。

我们在生活中总会遇到这样的人，他们无时无刻不在对别人品头论足：

他们会说路人Ａ长得太高了，简直就是傻大个儿，可他自己的个子实在太矮，好像发育时期，父母亏待了他。

他们会说路人Ｂ的眼睛长得太难看，一点光彩都没有，可他自己却同样没有一双清明的眼睛。

他们会说路人Ｃ有个难看的塌鼻子，却没有注意到他自己脸上的肉团也不怎么样。

他们会说路人Ｄ的牙齿很黄，一定是抽烟熏的，却忘了自己的牙齿也没有多么洁白。

他们会说路人Ｅ是一个见到异性就笑、见到同性就冷漠的人，可他见到异性的时候却比Ｅ笑得更勤，尽管笑起来远没有Ｅ妩媚动人。

他们讲路人Ｆ风骚，裙子太短，衣服太露，但是他们也没有多么高雅端庄。

我们不难发现，越是这样对别人挑剔的人，往往越在意别人的看法，甚至在内心深处极为自卑，因为他们只是在用这种方式给自己增强信心，甚至借此来让自己看起来比较光彩。其实这就是我们所谓的"吹毛求疵"。

不要把自己的认知强加给别人

在我们的人际关系中，"吹毛求疵"的典型表现是这样的。你遇到某人且她一切都好，你有可能会被她的外表吸引，会认为她的个性非常好，甚至充满了智慧、幽默感，这些品行都让你给她加了不少的印象分。然而，过了一段时间，随着你和她的深入接触，你会发现这个朋友身上或多或少地出现一些小瑕疵，你认为她应该能够有所改善。你使她注意到这一点。你也许会说："你知道，你确实有迟到的倾向。"或是"我已注意到你不大看书。"关键是，你已开始不可避免地转入一种生活方式，寻找和考虑某人身上你不喜欢的地方。

　　戴尔·卡耐基是成人教育的先驱。由于年轻时学的是教育学，他很熟悉那个时代的教育哲学家。所以，一直以来，他又不断地试验新的教学方法，并且采用了符合他自己目的的教学方法。

　　从一开始，他就对约翰·杜威的"实证"哲学感兴趣。他认识到成人唯有深入到学习的过程中去，才能学得最好。他不相信传统的填鸭式讲课的教学方法。他要求"卡耐基课程"的所有教师不得一味地只顾自己讲课，他告诉他们，讲课并不能只是将知识强行灌输在学生身上。

　　卡耐基从各班也深切地了解到个体差异的存在，因此要学员从各方面来和自己受训前的感觉相比较，而不是和其他的学员相比。不去和看起来进步较快的同学相比，这样一来，可以防止学员产生己不如人的感觉。教师帮助学员的方法是，让他们自己知道在每一堂课上都收获了什么。

　　卡耐基要求教师强调可能获得的益处，指出每一次的学习如何能培养技巧，展示改变态度可以产生的效果，他希望通过这种方法来诱发学员产生达到他们目标的动机。学员每一次发表谈话，教师都指出其进步的地方。如果某一位学员表示他之所以参加"卡耐基课程"，是希望在工作上能和属下相处得更好，如果他在谈话中说他已经应用了某项人际关系原则，教师在讲评时就会说："在这件事上确实表现了你非常重视同事关系的感觉。"这就表明了对学员领悟方法的赞扬，并且为学员赢得了全班同学的赞誉。

当你要去"挑剔"另一个人时，这并不表明另一个人就是错误的，甚至是出现了人品问题，其实真正的原因是出自我们自己。无论你是否对你的人际关系或生活的某些方面吹毛求疵，还是两者都有，你所需要去做的只是将"吹毛求疵"作为一个坏习惯而改掉。

当这个习惯偷偷侵入你的思想时，要把握住自己并封上你的嘴，你越不常去挑剔你的伙伴或朋友，你就越能注意到你的生活确实十分美好。用欣赏的眼光看待同事和朋友，尽量找找他们身上的优点吧！

第二节　避免争论，共同营造快乐的氛围

承认自己也许会弄错，就能避免争论，而且，可以使对方跟你一样宽宏大度，承认他也可能有错。

——戴尔·卡耐基

尽最大的努力避免冲突

在我们的生活里，我们不可避免地会遇到很多麻烦，在人与人的交往过程中更是如此，但是如何解决，这其中有很大的智慧。

曾经有一户人家住着婆媳两人，儿子经常外出，很长时间才能回家一次。这个婆婆在家专横跋扈，经常对媳妇横挑鼻子竖挑眼，媳妇不能申辩，更不敢反抗，总是偷偷地伤心。幸亏隔壁有位好心的大妈，十分同情这位媳妇，常常安慰这位媳妇并暗中帮助她。

一次，婆婆外出走亲戚，下午回到家里，忽然发现家里的肉少了。婆婆心里顿时来了气，她怎么想都觉得是媳妇偷吃了。于是不问青红皂白就劈头盖脸地骂起来："你这个好吃懒做的贱女人，我不在家你就无法无天了，竟敢在家偷吃东西！"

媳妇觉得实在冤枉，忍不住说："老天爷在上，我绝对没偷吃东西，他看得最清楚。"

还没等媳妇说完，婆婆早就气得要跳起来，她指着媳妇大声喊道："这还了得，敢顶撞我！算是我冤枉了你，我瞎了眼睛！我家养不起你这个媳妇了，你马上给我滚回你娘家去，我家不要你了！"就这样，婆婆把媳妇给休弃了。

媳妇无可奈何，只得服从婆婆的命令。她在回娘家之前，去向隔壁的大妈告别，哭着向大妈讲了这件事。大妈听了，很替这位媳妇难过，但大妈也知道那位婆婆的为人，如果现在马上去替媳妇解释，恐怕婆婆是不会听的。于是大妈安慰了媳妇一阵后，对她说："你先慢慢地走，我这就去想办法让你婆婆把你叫回来。"媳妇擦了擦眼泪，慢慢朝村外走去。

大妈看到媳妇一走，马上在家里搜寻了一把乱麻，将乱麻扎在一个小棍上做了一个火引子，然后到这个媳妇家里去找婆婆。

婆婆看见大妈拿着麻绳过来借火，就很奇怪地问："现在不是做饭的时候，借火做什么？"

大妈对婆婆说："我家的狗不知从哪里叼来一块肉，几条狗为争这块肉，互相咬得很凶，我想借个火回去治治它们。"

婆婆一听，恍然大悟，肉原来是被狗叼走了。她心里感到有些愧疚，因此赶紧找来一个人，让他马上去追赶媳妇，把她接回来。

大家会觉得奇怪，为什么这位大妈用这种方式去找婆婆？而不是当着面和婆婆说清楚呢？首先，许多事情不是那么容易用事实加以检验的。此时婆婆已经是怒火中烧，根本就不可能听得进去大妈的解释，甚至会认为自己的媳妇和邻居大妈是同一伙的，所以这位大妈很聪明地换了一种方式。

这则寓言告诉我们，一个聪明的人，在解决人与人之间的矛盾纠纷时必须讲究策略。

不成功的人喜欢仅仅为了争论而争论，挑起争端，或者使其他人失去心理平衡。美国众议院著名发言人萨姆·雷伯曾经说道："如果你想与人融洽相处，那就多多附和别人吧。"

当然，他的意思并不是让你必须同意别人所说的一切，而是说你不可能一方面无休止地激恼别人，另一方面又指望别人来帮助你。

卡耐基指出，普天之下，只有一个办法可以从争论中获得好处，那就是避开它，像避响尾蛇和躲避地震一般。十有九次，争论的结果总使争执的双方更坚信自己绝对正确。不必要的争论不仅会使你丧失朋友，还会浪费你大量的时间。

即使一个人为协调人际关系做出了很多努力，事实上仍然不能完全避免同别人的冲突。只要人们之间发生交往，就会或多或少产生矛盾，这是由人的天性所决定的。

产生矛盾的原因有很多，但是归根结底还是由狭隘自私、敏感多疑、刚愎自用等人性的弱点造成的。人们思考和处理问题时往往习惯于从自我出发，平时疏于同别人沟通，因而出现矛盾后，总认为真理在自己手中，别人都是错的。

发生这样那样的冲突应该说对双方都是不利的，必然会对各自的事业产生消极的影响。一个想要成就一番大事业的人，必须想方设法避免不必要的冲突，千方百计地消除各种矛盾，使自己有一个宽松和谐的工作环境和生活环境。

避免争论的窍门

一个想成就一番大事业的人，如何才能避免和别人产生冲突呢？卡耐基提供了几个诀窍：

1. 要心胸宽广，高瞻远瞩，凡事讲大局，讲风格，讲团结。调动一切积极因素，为一个共同的目标而努力。

2. 及时掌握他人的思想动态，努力化解各种矛盾，防患于未然，减少或消除人们之间的隔阂。

3. 以理解的眼光看别人，懂得大千世界是五彩缤纷的，人也是各种各样的。别人不可能同我们有完全一样的志趣，我们不能像要求自己那样去要求别人，每个人都有自己的个性和特点，有不同的长处和短处。

4. 宽容别人的过错，明白世上没有十全十美的人，包括自己在内，谁都有缺点，谁都有可能犯错误，要给别人改正错误的机会，就像希望别人也原谅自己的过失一样。

5. 对别人不要求全责备，要小事糊涂，大事明白，记住水至清则无鱼。对别人要求过高就会曲高和寡，对别人太苛刻就会拒人于千里之外，对别人横挑鼻子竖挑眼，就没有人同我们共事。

6. 除非是涉及原则性的问题要搞清楚是非曲直之外，对一些无关紧要的事，不要抓住不放，要大事化小，小事化了，甚至有意装糊涂。绝不应将简单问题复杂化，本来没有多大的事，却非要弄个水落石出，论个你是我非，那只能是天下本无事，庸人自扰之。

总之，化解矛盾要首先从自己做起，记住你如何对待别人，别人也会如何对待你，要走进别人的心灵，自己就要首先敞开胸怀。

第三节　拒绝束缚，爱对方就给对方自由

每个人在生命历程中，或大或小总有一块属于自己独占的领地，承认、

尊重和保护对方的私人领地，是维持彼此之间良好情感的必要因素。

无须过多地干涉对方自由

对人的生命而言，爱是最有益的精神食粮，是人精神成长的源泉。如果缺少了爱，我们的道德观念将会变质。心理学家高登·W·沃尔曾经这样说过："一个平凡的人所能做得最真实的自我表白就是，他从不曾感到，自己的爱和别人给予的关爱已经满足。"

是的，就爱的潜力对人类社会的意义而言，它并不比原子能逊色。爱情能够产生神奇的力量，而且每天都创造着奇迹。你的亲人和朋友取得成功的主要因素就是你给予他们的爱。因为，如果你真心实意地去爱他们，你就会为了他们的幸福和成功而心甘情愿地做好每一件事情。

一位老人每天坐在公园的长椅上，一副悠闲的样子。他惬意地叼着烟斗，有时微笑着和经过的路人打着招呼，有时一个人静默沉思。他有一个规律：总是在下午四点钟左右来到，在五点钟左右离开。

"您为什么每天都是独自来这里？"一个住在附近的人好奇地问老人。

老人微笑着说："和老伴一起生活了五十三年六个月两个星期零两天，一直坚持每天都要有一个小时的私人时间，放松下心情，这是夫妻和睦相处的秘诀。"

周国平曾这样论述爱情："相爱的人给予对方的最好礼物是自由。两个自由人之间的爱拥有必要的张力。这种爱牢固，但不死板；缠绵，但不黏滞。没有缝隙的爱太可怕了，爱情在其中失去了自由呼吸的空间，迟早要窒息。"

这种"独立"并非冷漠或隔阂，而是生活本身的需要，是使心灵释然的需要。有了这样的一个"距离"，就仿佛是在夏日的午后懒懒地打个盹儿，相信会有更高品质的婚姻，更从容的人生。

其实，人与人之间，无论关系多么亲密，哪怕是自己的另一半，也不会喜欢对方对自己的行为过于限制。太多的干涉必然导致缺乏自由的空间。也许很多无伤大雅的方面他不愿意让你看见，你又何必非要让他透明呢？

有一个男人经常在外面和朋友喝酒、应酬。他的每个朋友的妻子都会不停地打电话"追踪"他们，这让几个大男人心里非常不舒服，也很不想回家。但唯独这个男人的妻子与众不同，她从来都不给男人打电话查岗，最多也就是发个短信说"早点回来"。妻子的大度让他的朋友们非常羡慕。

他也觉得自己很幸福，但总不知是什么原因让妻子能够对自己这样放心。直到有一天，他回到家里，正巧他的妻子出去买菜了。因为电脑是开着的，他就坐到了电脑前，随手进了他妻子经常登录的网站，看到了一个点击率非常高的帖子，内容是说：一个女人的老公经常在外面和朋友喝酒，应酬很多，她自己有些怀疑她的老公在外面有外遇，因为她在家怎么问他都不回答。

他看到妻子的回帖说："其实我丈夫也是经常在外面和朋友喝酒，应酬也很多，可我没觉得没有什么不好，毕竟要给他一些自由。如果你越是想得到你想知道的答案，他越会反感你，觉得回家是一种受罪，反而不愿意回家。我只是在电话里嘱咐让他少喝些酒，多注意身体。这样他不但不反感我，还会觉得回家是件有意思的事情。"

这个女人非常聪明，懂得夫妻之间最重要的就是相互信任，给予彼此充分的空间。其实，并不是每个男人都乐意出去应酬，他们是为了这个家，为了使他们的妻子、孩子过上更幸福的日子，他们不得已在外面应酬。如果做妻子的不能明白这个简单的道理，那丈夫就会觉得自己所付出的简直都是在浪费。所以说，婚姻里要糊涂一点，不要过多地干涉对方的生活。

为彼此保留一定的空间

在婚姻生活里，对有些女人来说，相夫教子就是她的工作。她做了一辈子，把他的男人培养体面了，把孩子培养长大了，便认为自己功不可没。可是当有一天，当她的爱人不停地干涉她做了一辈子的事情时，她又该如何面对？

有一位老年妇女，她就产生了这样的抱怨，丈夫在退休后过多地限制与干涉了她的生活，让她倍感压抑，甚至内心充满了挫败感。

丈夫退休之前，她一人在家，买菜、做饭、看电视、做家务，时间完全由自己支配，做一切事情都无拘无束，就连洗锅刷碗的时候，她也爱哼唱着小曲给自己解闷。

可是，丈夫退休以后却经常评价她的行为，她哼唱歌曲，丈夫会说她一大把年纪了，像什么样子；她边看电视边摘菜，丈夫就说做事没个做事的样子。

渐渐地，她在做事时首先要想到丈夫会如何评价。久而久之，她做家务时就不再感到有乐趣了，情绪也变得十分消沉。

夫妻之间做到不干涉对方的自由与工作，这对许多夫妻来说是困难甚至是痛苦的。有的夫妻一方在上电脑，另一方就在边上看着、盯着、守着。随着网恋的增多，夫妻不放心对方或关注对方上网到底做什么的现象越来越普遍。可能很多人嘴里不好说什么，但心里一定不乐意有人像看守囚犯一样地看着自己，因为不管有无秘密，这样的感觉总是让人很不舒服。

所以说，夫妻间无论怎样亲密，也需要适度地保持距离。如果一味厮守，绝对占有对方的时间甚至思想，不能满足彼此单独活动的需要，无疑会伤害对方的情感，甚至会导致难以挽回的后果。所以，夫妻应学会拥有自己的生活，首先要做到不过多地干预对方的自由与工作，这是健康婚姻的重要组成部分。

第四节　宽以待人，家人会更爱你

宽容就像天上的细雨滋润着大地。它赐福于宽容的人，也赐福于被宽容的人。

——莎士比亚

宽容让家庭变得温馨

人如果没有宽容之心，生命就会被无休止的报复和仇恨所支配。这句话是先人给我们的告诫。

是的，世界上最需要的便是一颗宽容之心。对于令人愤怒的事情，我们要学会宽容。因为宽容是做人的需要，也是处世的需要。立身处世要有清浊并容的雅量。

1929 年，卡耐基遇到了人生中一个非常大的难题，全美国发生了一场全面的经济危机。这场危机持续几年，遍及美国的各个角落，影响到各行业。人们纷纷失业，到处怨声载道，到处有饥饿和贫困。

此时戴尔·卡耐基深刻地感受到了人生真正的低谷。社会的不安定是外在的因素，而在卡耐基与洛莉塔之间，家庭的争吵愈来愈凶。而卡耐基和许多人一样，在股票市场的崩溃中几乎损失了所有财产。

在这种情况下，任何人都非常需要家庭的理解和支持，然而卡耐基得不到这些。他的妻子洛莉塔面对此情此景，没有给卡耐基任何的帮助，相反，她又吵又闹，埋怨丈夫将资金投进股市而遭到惨败，现在面临着挨饿的命运。洛莉塔在此时更加怨恨和诅咒卡耐基。

看着妻子暴跳如雷的样子，卡耐基沉默了，他内心深知，这并不是妻子的本意，她也是被环境逼迫的。尽管后来卡耐基还是和妻子分开了，可是这种包容妻子的做法和态度却让他感受到了宽容的必要。

宽宏大量让生活变得美好

如果一个人眼里总是容不得沙子，锱铢必较，不仅会遭人厌恶，有时还会招来怨恨，因此，常怀一颗宽容之心，就能消除与他人之间的矛盾与仇恨。

　　曾经有这样一则寓言：一只老山羊带着自己的儿子小山羊去地里收白菜时，发现自己家的白菜已被别人偷走了许多。

　　小山羊看见这个情景之后，立刻气愤地说："爸爸，这一定是野猪干的。你看，地上还有它的脚印呢。走，我们找它算账去。"

　　不料老山羊却拦住了儿子，无所谓地说："算了，我想野猪一定是饿极了才这样做的。"

　　又过了几天，老山羊再次带着儿子去地里挖土豆，发现土豆地已被拱翻了一大片。不用问，野猪又偷走了一些土豆。

　　小山羊气愤地说："爸爸，不能再忍了。我们现在就去找野猪算账，它太过分了。"

　　"不，儿子。野猪也是有自尊心的。"老山羊再一次拦住了儿子，"它如果不是家里有什么困难，是决不会来偷土豆的。"

　　小山羊大喊道："爸爸，这只野猪可是懒得出了名的啊！它自己不劳动，就会靠小偷小摸混日子。"

　　老山羊面露不悦，制止道："儿子，不要在背后说别人的坏话。我觉得野猪的本质并不坏，它一定会学好的。"

　　其实，野猪就躲在草丛里，山羊父子的对话野猪都听到了。老山羊一而再、再而三地维护它让它内心十分惭愧。

　　就在山羊父子俩埋头干活的时候，一只狼悄悄地溜到了土豆地里，想把山羊当成填饱肚子的美味大餐。就在狼准备动手的瞬间，野猪发现了它。野猪跳了出来，勇敢地迎了上去。大战几个回合之后，狼败在野猪的獠牙下，灰溜溜地逃走了。

　　老山羊带着儿子赶忙过来感谢野猪："谢谢你救了我们的命！"

　　"不不不，说谢谢的应该是我。小山羊说得对，是我一次又一次地偷你家的东西，可你每次都大人有大量，原谅了我，是你

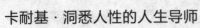

们的宽容感动了我。"野猪说完，便卖力地帮老山羊拱起土豆，加入了劳动的队伍中。

所以，面对人和事，我们不妨宽容一些，因为这样做也是宽容自己，让我们多了一些选择，更使我们生命中多了一点儿空间，多了一些关爱和扶持。

西德尼·史密斯说："生活中有许多这样的场合，你打算用愤恨去实现的目标，完全可能由宽恕去实现。"宽容能带来仁义，博得赞美。懂得宽容，才不会对自私、伤害感到失望，才会用宽大的气量去感受相逢一笑泯恩仇的快乐。

每个人都会有不如意，每个人都会有失败，当你遇到了竭尽全力仍难以逾越的屏障时，请别忘了宽容是一片宽广而浩瀚的海洋，能包容一切，也能化解一切，会带着你一起浩浩荡荡地向前奔涌。

第五节　相互尊重，是家庭的幸福源泉

尊重别人就是尊重自己。学会尊重别人，你会发现彼此的眼睛里闪烁着真诚的光芒，你会发现生命的真善美就在你身旁。

学会尊重自己，尊重他人

古人云："爱人者人恒爱之，敬人者人恒敬之。"刘墉曾说："施予人，但不要使对方有受施的感觉。帮助人，但给予对方最高的尊重。这是助人的艺术，也是仁爱的情操。"

尊重别人不能是短时的，也不是光靠一张嘴。真正尊重别人就应当用自己的实际行动去关心、爱护和帮助别人，心里总是想着怎样让别人的生活更愉快，让自己永远充满阳光，让别人总能在自己的身上看到灿烂的笑容，让自己的言行能够给别人带来更多的快乐。

爱、宽容，再加上理解，就汇成了一个博大的海洋，这个海洋就叫作尊重。人们在这个博大的海洋里生活，享受着从身体到灵魂的愉悦，创造着一个又一个神话。人们生活在这里，可以没有心灵的隔阂，可以没有交往的障碍，大家互相尊重彼此。因为，这里充满着爱、宽容和理解……

卡耐基曾经表示，尊重是相互的，要想别人尊重自己，首先要尊重别人。这种尊重与人的身份、地位无关，美好的品质更应受到尊重。尊重能减少人与人之间的摩擦，化解矛盾。

上帝之所以创造出男女，其目的就是要让他们互相满足对方的心理需求。女人应该给男人提供尊重的天空，男人应该给女人提供爱的氧气。所以，在婚姻关系中，我们只有首先满足了对方的心理需求，自己的心理需求才能得到满足。也就是说，妻子想得到爱，就要先尊重自己的丈夫；丈夫想得到尊重，请先爱自己的妻子。

在婚姻关系中，虽然爱至关重要，但它毕竟只占幸福婚姻的一半，另一半则是尊重。只有拥有了爱与尊重这两根支柱，才能支撑起幸福的婚姻。

幸福的婚姻有两半，只有一半的婚姻注定会失败，没有感受到丈夫的爱，妻子就不会尊重自己的丈夫；没有感受到妻子的尊重，丈夫就不会对妻子充满爱意。

当妻子无法感受到爱意，她就会倾向于用缺乏尊重的方式来对待自己的丈夫；而当丈夫感到自己没有受到尊重，他也会倾向于以缺乏爱意的方式来对待妻子。于是周而复始，婚姻便陷入了恶性循环，无法自拔。

几乎每个人都听过这样的俗语："恶语伤人六月寒。"有很多时候，言语比任何武器都具有杀伤力。

缺乏爱的妻子无法在婚姻中得到激励，她不再有动力来满足丈夫对尊重的需求。在感到失去爱的时候，她开始倾向于以苛刻和不尊重的态度来对待丈夫。而这是没有任何正面效果的。

尊重是双方共同的守则

无论是丈夫的爱，还是妻子的尊重，都应当是无条件的，这是一种出于珍惜彼此的优雅行为。这个想法是如此重要，笔者以尽量简洁的方式将其总结出来，即"回报圈"。换句话说，当丈夫的要心甘情愿地爱着妻子，而当妻子的也应心甘情愿地尊重对方，不管爱人的反应如何，妻子对丈夫的尊重都必须是无条件的，而丈夫对妻子的爱也必须是无条件的。这里不需要牵扯任何别的借口，更不能争辩：当妻子的不必执着于"在我尊重他之前，他必须先爱我。"而当丈夫的也不必强求"在我爱她之前，她必须先尊重我。"毫无疑问，这是非常艰难的，但我们首先要做的，就是努力去尝试，去改变，将尊重这个前提带入自己的婚姻。

尊重是一种大智慧，因为懂得，所以慈悲。尊重旁人与自己的相同之处不难，得遇知音的兴奋足够掩住"尊重"那微弱的光芒。难的是尊重旁人与自己的相异之处。

或许很多妻子认为，无条件地尊重丈夫，这个观点很可笑，因为她们对无条件尊重有自己的理解。或许有些人会问："那么我是否要默认丈夫可以随心所欲了？哪怕他打骂我，我也要尊重他？"

其实，大多数妻子都存在这样的误区，无条件地尊重并不等同于给予丈夫随心所欲的特权。实际上，无条件地尊重意味着当你面对伤人的行为时能保持尊重的态度，不要施白眼，不要沉重地叹息，不要用手指戳戳点点，不要一脸苦相，不要没来由地说过分的话："你心里不再爱我了！"你要知道，侮辱性的指责从长远的角度来看没有任何益处。

在生活中尊重他人，同样也是从点滴中表现出来的，是时时刻刻的，是"润物细无声"的。尊重其实很简单，它常发生在我们不经意的举动中。然而，它的渊源却是来自于你对他人的爱，对社会和世界的爱。因为有爱，这世界才博大。一举手，一投足，一个眼神，一个微笑……处处都撒满了尊重的种子。

第 7 章

突破自己，打造卓越人生

　　每一个人，都有自己的底线，甚至在很多时候，我们总会产生"我不行了""这是我的极限"等想法，但是当我们闯过重重万难之后才发现，其实那不过是我们为自己设定的临界点而已，但实际上，我们仍然有无限的潜力，去创造属于自己的奇迹。

第一节　不要为自己找借口

　　什么是世界上最容易的事？享受生活？不，是为自己的失败寻找一个借口。狐狸吃不到葡萄，它就找出一个美丽的借口，葡萄是酸的。借口不但误人，而且害人。

——美国成功学家皮鲁克斯

不要用借口掩饰自己的错误

　　对于每一个渴望成功的人来说，借口是致命的毒药，借口是迈向成功的绊脚石，借口是制约我们进步和发展的最大敌人。记住，借口是制造失败的根源。一旦一个失败者找出一种"好"的借口，他就会抓住不放，然后总是拿这个借口对自己和他人解释：为什么他无法再做下去，为什么他无法成功。起初，他还自知他的借口有多少是在撒谎，但是在不断重复使用后，他就会越来越相信那完全是真的，相信这个借口就是他无法成功的真正原因，然后他的大脑就开始怠惰、僵化，让努力想方设法要赢的动力化为零，而且他还不会承认自己是个爱找借口的人。

　　美国卡托尔公司的新员工录取通知单上都印有这样一句话：最优秀的员工是像恺撒一样拒绝任何借口的英雄！只有摒弃任何借口，你才会沉下心来审视一下自己的能力、责任心和努力程度，才可能发现自己的不足，从而校正自己，完善自己，提升自己。所以一个人越是成功，就越不会找借口。

　　有一天，卡耐基带着房东的宠物狗去公园散步，他很喜欢这只小不点，却并没有给狗带上狗链，这是一种违法行为。结果，他在公园里碰到了警察。

　　警察叫住卡耐基，厉声询问："公民，你为什么让你的狗跑来跑去，不给它系上狗链？"

　　卡耐基不禁愣住了，直到这时候，他才认识到自己的疏忽大意，但是无言以对。

　　警察又问道："难道你不知道这是违法的吗？"

　　卡耐基赶忙轻柔地回答："是的，我知道。可是，我认为它不至于在这儿咬人。"

　　这位警察很是生气地大喊："法律是不管你怎么认为的。它可能在这里咬死松鼠，或咬伤小孩。这次我不追究，如果下次我再看到这条狗没有系上链子，你就必须去跟法官解释啦。"

　　卡耐基连忙带着宠物狗走到公园人迹稀少的地方，结果不成想在这里又碰到了一个警察，还没等警察开口，他就首先认错："我有罪，我没有托词，没有借口。刚才有警官先生警告过我，若是再带小狗出来而不替它带狗链他就要罚我。"

　　结果这位警察口吻非常温和："我知道在人少的时候，谁都忍不住要带自己的宠物狗出来玩玩。"

　　"可这是违法的。"卡耐基小声地强调着。

　　"哦，先生，你把事情看得太严重了。"警官告诉卡耐基，"我们这样办吧。你只让你的狗跑过小山坡我看不见的地方，事情就算结束。"

　　其实，借口不过是一面挡箭牌，是我们不敢面对失败的遮羞布。在人生中，我们会面对许多次失败，如果我们一直不敢直视，反而试图用借口来遮掩，第一次你可能会沉浸在借口为自己带来的暂时的舒适和安全之中而不自知。但是，第二次、第三次之后，你就会主动为自己寻找借口，因为在你的思想里，你很可能就会养成一种寻找借口的习惯。

所以，"把握住现在的瞬间，从现在做起。只有勇敢的人身上才会有天赋、能力和魅力。"这也是歌德曾说过的一句话。

不要让机遇从借口中溜走

我们每一个人都会遇到机遇，但是假如你不能拒绝借口，那么机遇也许会在你的眼睛里逝去，会在你的手指缝中漏掉，会在你的脚底板下溜走，会在你的头脑中飞得无影无踪……

在这个世界上，只要有人的地方，就会有借口的存在，就会有人用找借口这种方式来掩盖自己在某些事情上的过失和过错，或掩盖某件事情的真相，以及推诿自己在某些事情上的责任。

尽管借口的形式有多种多样，但是归纳起来有四种：一是以客观存在的困难和问题来说明某些事情的难度；二是夸大某些事情的困难和问题作为某些事情的理由；三是制造一些莫须有的困难和问题作为某些事情的障碍；四是以谎言作为借口来制造某些事情的假象。

在工作中，只要有错就去找借口，这已成为很多人的习惯。事情办砸了，任务未完成，就去找一些冠冕堂皇的理由作为借口，以换得他人的理解和原谅。找借口的好处就是掩盖错误，推卸责任，以求心理得到一时的平衡。因为有各种各样的借口可找，有些人就会让自己疏于努力，不再想方设法去争取成功，而把大量的时间和精力放在如何寻找一个更合适的借口上。

借口的存在，会使许多工作无法正常进行，使上级的许多指示精神

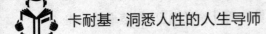

无法正常贯彻，使许多制度措施无法正常落实，给我们的日常工作制造了许多麻烦，也直接影响了我们工作中的上下级联系和各部门工作的协调。

借口已成为某些人过失和过错的挡箭牌，有时也蒙骗了我们的领导，给我们正常的工作造成许多障碍。如何避免借口，是我们目前刻不容缓要解决的问题。我们不如借鉴美国著名的西点军校的一个优良传统，这个传统就是，任何一个学生不论在什么时候、什么情况下遇到上级问话时，只有四种回答：

一是"报告长官，是！"

二是"报告长官，不是！"

三是"报告长官，不知道！"

四是"报告长官，没有任何借口！"

除了这四种回答之外，士兵们不能多说一个字。他们的上级看重的是结果，而不是你办事的过程。正因为有这种传统的存在，这个学校培养了无数的军事人才和商界精英。西点军校之所以采取这种独特的方式，树立没有借口的风气，目的就是为了让学生们适应各种压力，培养他们对任何艰难的工作充满自信的习惯，练就他们在工作和执行任务中不达目的誓不罢休的毅力，让他们尽自己最大的努力把事情做得更完美。

拒绝借口，从某种角度上看是冷漠，缺乏人情味，但它却是最大限度地激发人潜力的一个动力。在人的一生中，不要把时间花费在寻找借口上，失败也罢，做错也罢，再美妙的借口对事情的改变也是没有意义的。为何不去想想，有什么办法去避免失败和过错，去努力创造属于自己的辉煌呢？记住：失败没有任何借口，借口可能导致你第二次失败。

第二节　坚忍做主，把困难看成磨炼

把困难当作一种磨炼，把人生当作一次航行。航行中也许会遇到从各个方面袭来的强风，然而每一阵风都会加快我们的航速。只要稳住航舵，即使是暴风雨来临，船只也不会偏离航向。

困难只是人生中必经的磨炼

时间顺流而下，生活逆水行舟。在生命的长河中，我们每一个人都难免遇到困难。毕竟，人生如一曲惊心动魄、高低起伏的交响曲。成长中有成功，有希望，有失败，也有困难，这既是磨炼，也是一种成长。

把困难当作一种磨炼，把挫折当成一种挑战。面对困难，微笑含着勇敢；面对挫折，微笑带着自信。我们可以延续别人的成功或者失败，但无法拷贝他们成功前的坚韧和执着，无法复制他们失败后的心路历程。人生需要一些刻骨铭心的经历，让我们成长、成熟。有些事，从结果上看我们输了，可是从过程上看，我们却是赢了。失去一个机会，失误一次决定，却可以得到经验，这些都是最宝贵的财富。

艾柯卡是美国汽车业的超级巨星，他那誉满汽车行业的推销术为福特公司创造了上百亿美元。可是在 1978 年 7 月 13 日，艾柯卡在毫无思想准备的情况下被嫉贤的老板开除了。老板把他赶到一个仓库中的小房间，还美其名曰是给艾柯卡还没有找到新工作之前的办公室。在奇耻大辱面前，艾柯卡没有消沉。在被解雇之后，艾柯卡接受担任濒临倒闭的克莱斯勒汽车公司总裁一职，但他凭借卓越的管理才能，最终使克莱斯勒公司喜获新生。仅1984年一年，他就为公司赚取了24亿美元的利润，比这家公司前60年的利润之和还要多。顽强的精神、超群的才智、辉煌的成就，使得艾柯卡成为美国人心目中的英雄。

能够在顺境中获得成功，固然是锦上添花，但如果能够在逆境中打翻身仗，这更能显露出英雄本色。艾柯卡如果没有第二次的成功，至多不过一推销巨星而已，正是逆境中的崛起才造就了他的"英雄"之名。

尼可洛·帕格尼尼是意大利小提琴家、作曲家，被人称为"独弦琴上练出来的小提琴家"。他的艺术道路坎坷不平。他生于一个小商人家庭，据说，他曾因为政治犯罪坐了20年牢。但即使是身陷图圄，他也不曾灰心，而是坚持在狱中学习。他在狱窗边，用一把只剩下一根弦的提琴，坚持苦练，几十年如一日，终于在演奏技巧方面达到了出神入化的境地。他的创作和演奏奔放不羁，富于激情，对同时代的浪漫派作曲家有较大的影响。

促使帕格尼尼最终成才的因素一方面是有坚强的信念和毅力，另一方面，也有对生命的渴望和对艺术的执着。

卡耐基曾经说过，把困难当作一种磨炼，把人生当作一次航行。航行中也许会遇到从各个方面袭来的强风，然而每一阵风都会加快我们的航速。只要稳住航舵，即使是暴风雨来临，船只也不会偏离航向。累累的创伤，也许就是生命给予我们的最好的东西，因为每处创伤上都标示着前进的一步，在工作中和生活中亦是如此。

苦难成就人生真谛

我们每个人都会遇到各种各样的坎坷，甚至有很多事情明明都过去很久了，可是在我们的心里，我们依然不舍得把它抛弃，因为我们懂得，正是这些困难和坎坷，才构成我们人生中一幅幅美丽而精彩的画面，成为我们回味人生时一段弥足珍贵的财富，也正是因为这些我们才不断成长、不断振作。

人生，如鲜花般灿烂地演绎着；生活，五彩斑斓地进行着；挫折，每时每刻地出现着。当我们遇到困难时，我们要把它看作人生路上的荆棘，把它看作人生路上的垫脚石，让自己坦然地面对困难，只有经过了磨炼的人生才灿烂辉煌。

把困难当作一种磨炼，换种心态看世界，生活其实很美好。困难和挫折似乎天生就是成功之门的守护者，当我们刚上学时，我们就注定要通过它们设立的一道道关卡。往往许多人都在最后一关停下脚步，因为这个关卡太大了，只有经历了这个关卡才会成功。一次次的困难和挫折会促使我们的心智成长起来，让我们学会承受任何打击，永远停不下脚步，一直向前冲。

人生就像一杯茶，只有你静下心慢慢品味的时候，才能真正感受到茶的香甜，所以，每一段经历都需要我们仔细回味，不要去埋怨自己出身卑微，不要去抱怨世道的不公，因为很多人没有经历你所承受的痛苦，那些人必定成为温室的花朵，经不起风雨的洗礼。

第三节　秉持信念，开拓人生荒原

几乎每一个成功者都是心灵的强者，这也是成就一番事业必须具备的品质。假如想让你的心变得坚强和勇敢，就要树立一个坚定的信念，信念不倒，人就不倒。

做生活中的强者

记得曾经有位哲人这样说过，真正的强者是心灵的强者。人的力量总是有限的，哪怕是再有权力和力量的人，也会遇到各种各样的挫折和苦难。在苦难面前，我们要有一颗坚定和勇敢的心，只有这样才能让我们岿然不动地矗立在人生的狂风暴雨之中，任它风吹雨打也依然坚如磐石。

不同的信念能够在不同的情境下给予你力量，最终让你克服重重困难，走向人生的彼岸。对理想的信念能让人们孜孜不倦，日夜以求，即使衣带渐宽也终不悔；对爱情的信念能让人们排除艰难，即使一水相隔也要日日相望，盼望终有一日能相会鹊桥；对亲情的信念能让人们相濡以沫，即使灾难来临也丝毫不惧，紧紧依偎以对抗死神。信念所存便是希望所在。

卡耐基是思想的真正信仰者。有一次，有人问他，在他的一生之中，经历过的最大教训是什么？卡耐基想了想，便引述罗马哲学家马尔克斯·欧瑞利斯的话说："生活是由思想所造成的。"

他又引述爱默生的话说，"人类终日思考。"

其实，卡耐基并不是特别关心为什么信念或积极的思考能治愈身体上的疾病或使人们获得更多其他现象的原因，他是个行为主义者。他不问其中的为什么，如果他看见一个信念上百次奏效时，那么他就认为是真的奏效了。卡耐基非常肯定信仰对人生成功的重要意义，他认为，只要人有信念，就能拥有无穷的动力。因为这就是卡耐基的成功之路。

其实，任何人的人生都没有真正的绝境。无论经历多少苦难，无论遭受多少艰辛，只要我们心中还怀着一粒希望的种子，终有一天，我们一定就能走出困境，让生命重新开花结果。

让信仰开出美丽的花朵

在我们年轻的时候，我们都会有自己的理想，也都为自己的理想而激动过、苦闷过，但是能够真正实现理想的人并不是很多，大多数的人都选择在自己能力范围内勤勤恳恳地工作。无论如何，请不要放弃，只要我们做好身边的每一件事，脚踏实地地走好人生的每一步路，最终我们都会有所收获，使自己的人生得到升华。

当然，寻找信念的道路跟人生的道路一样，并不是一帆风顺。无数人在经历了很多的挫折后逐渐丧失了信心，也丧失了去寻找人生信念的勇气，也许你再多试几次就能找到正确的信念，从而走向成功，正如歌词里唱的："失望就像是偶尔拨不通的电话号码，多试几次总会有回答。"而如果你的努力就此打住，那么你的人生也只会就此打住，任凭时间的长河把你淹没。

信念就是人生的方向和目标，有了目标，人生的奋斗才会有动力。

人生有无数种可能，条条道路通罗马，人生从来就没有什么定式。在这条条岔道面前，你的选择便是你的人生方向，而最终决定你选择的便是你人生的信念。有什么样的信念便会有什么样的人生，而信念是否坚定则决定了在人生的道路上你能否到达终点。

人生不可能不遇到风浪，理想之路不可能始终一路坦途，只要坚定自己的信念，在彷徨迷茫的时候用信念给自己力量。那么，信念不倒，人就不倒。只要信念还在，即使倒下也永远还有站起来的力量，成功的希望就永远都会存在。

第四节　深信不疑，自己是独一无二的

每个人的心中都有一颗生命的种子，都有自己的生命之火，这火要燃烧，燃烧出明亮的人生；这种子要发芽，长成参天的大树，告诉全世界："我是与众不同的！"

"我"是天地间的奇迹

我们每一个人都是地球上独特的、不可重复的生物，这些特性赋予我们极大的价值。所以，我有我自己的特点，独特的爱好，不同的身体，没有人能够拥有与我一样的笔迹和语调，也没有人拥有和我一样的创造力。这一切都是我宝贵的资源，它们是我的财富，"我"是天地间的奇迹！

在这个世界上，我们每个人都是独一无二的，我们的思想、我们的内在都是别人无法模仿的，它们永远打上我们个人独特的标签。我们都可以充满信心地活出属于自己的精彩。人生最大的成功不在于成就的多少，而在于你是否努力去实现自我，喊出自己的声音。

尺有所短，寸有所长。所以，我们根本不必拿自己的优点与别人的缺点作比较，也不必经常自叹不如人，因为没有谁的人生可以完美无瑕，也没有谁能够永远一帆风顺。人生最大的缺憾就是拿自己和别人相比。和高人相比使我们自卑，和俗人相比使我们下流，和庸人相比使我们骄矜。外来的比较是我们动荡不能自在的来源，也使得大部分的人都迷失了自我，屏蔽了自己心灵原有的馥郁馨香。

不要将别人认为重要的东西当作自己的人生目标

在现实生活中，总有一种人，他们很在乎别人的看法、别人的评价，甚至完全以别人的评价为行事准则。别人说好，他就按人家的想法和意思去做；别人说不好，他就会后悔、恐慌、自责、情绪低落、偃旗息鼓。他时时为别人的看法担心、害怕、烦恼、痛苦，经常掩饰自己，迎合他人，不知道自己是谁。

挪威剧作家易卜生有句名言说："人的第一天职是什么？答案很简单：做自己。"是的，做人首先要做己。要认清自己，把握自己的命运，实现自己的人生价值，只有这样，才真正算是自己的主人。

不要对最熟悉的事物视若无睹

什么是我们最熟悉的事物？可能就是你最容易忽略的亲人、朋友、爱情、时间、工作、身体、信誉……这一切才会成就现在的你，没有了这一切，你只是一位孤家寡人，寸步难行。如果你忽略了与你最有缘的事物，那么就等于将财富从身边推开。只有利用好你身边的一切资源，你才可能在生活和事业的道路上顺风顺水，更上一层楼。

每个人都是独一无二的，而且我们只能永远是自己，卢梭说："对于整个世界，我微不足道，但是我对于自己却是全部。事实上我们只对于自己重要，如果我死掉了，没有几个人会在 3 年后保留对我的记忆，如果我痛苦，没有几个人会有真正的同情，因为太难了，每个人都无法了解我的意识。"所以我们要独立，活着就是成为自己，那个独一无二的自己，去寻找自己内在的完美与和谐。

第五节　不要吝啬，助人就是助己

生活的辩证法时刻启迪着人们：一个人实现自己的人生价值的同时，不能只顾及到自己的生命和利益。毕竟，我们每一个人都不能离开他赖以生存的群体，不能离开由这些群体所构成的社会。

帮助别人获得的快乐

助人为乐是一种高尚的情操，一个乐于助人的人必定是一个有同情心的人。乐于助人需要我们在他人危难的时候雪中送炭。人们常说："助人也助己。"真心付出去帮助他人的时候，自己也会有意外的收获。

"春蚕到死丝方尽，蜡炬成灰泪始干。"不要担心别人不知道你的善良和爱心，只要凭良知做事就行了；不必担心别人辜负了你，只要时时照顾别人就是了。

助人为乐贵在主动真心地关心他人、帮助他人。恻隐之心是助人为乐的起点或基础。恻隐之心是对人的一种同情心。同情心是与他人发生同样感受的情感，是看到他人快乐自己也快乐，看到他人痛苦自己也痛苦的情感。有恻隐之心的人会像使自己得到快乐和使自己摆脱痛苦一样地帮助他人得到快乐、摆脱痛苦。

这种行为不但毫不为己、毫无私心，而且还往往是自我牺牲的。因此，有恻隐之心的人能够理解和体谅他人的痛苦与困难，从而给予他人道义上的支持和实际上的帮助。

> 战国时期，赵国有位大臣名叫赵简子，他有两匹心爱的白骡子。为了救一个普通的士兵，他心甘情愿地杀死了这两匹白骡子。因为那位士兵哭着对他说："赵大人，我得了一种奇怪的病，快要死了。大夫说只有吃了白骡子的肝脏才有救。请你赐给我一些骡肝吧！"
>
> 赵简子扶起士兵，对他说："我一定会帮助你的。为了保护两头牲畜而害死一条人命，实在是太残忍了。杀死两头牲畜，却能救活一个人，这才是真正的仁慈啊！"

个人的生命价值是由他人、社会给予评判的。只有在一定的社会条件下，个人的人生价值才能得以体现。所以，一个人在自己的人生征途中不能脱离集体、社会。个人必须为大众、为社会承担责任，作出贡献，奉献自我。一个人只有超越自己生命的狭小圈子，热心投入到社会之中，真心地奉献自我，帮助他人，才有可能实现自己的人生价值。

生命就好像回声那样，你送出什么它就回应什么，你给予什么就得到什么。你想要别人是你的朋友，首先你得是别人的朋友。心要靠心来交换，感情只能用感情来交换。同样的道理，一个乐于助人的人同样也会得到别人的尊重和回报。

不求回报的帮助

卡耐基通过自己的课堂帮助了很多学员们，使他们重新寻找到了自己的生活目标，解决了他们内心烦闷的苦恼，可是卡耐基却从来不奢求别人的感激。他认为，把别人的忧虑当成自己的忧虑的人，别人也会忧虑着他的忧虑；把别人的快乐当成自己的快乐的人，别人也会快乐着他的快乐。用利益帮助别人的人，别人也会用利益帮助他；用道德对待别人的人，别人也会用道德回报他。这就是人性，这就是人情。

爱护别人的人，别人会爱护他；尊敬别人的人，别人会尊敬他。爱护别人就是爱护自己，帮助别人就是帮助自己，成就别人就是成就自己。相反，伤害别人就是伤害自己，毁谤别人就是毁谤自己，苛刻别人就是苛刻自己。做大事、立大功、建大业的人，必然是有大德的人。

得到大多数人帮助的人，成功的机会就大；得到少数人帮助的人，成功的机会就小；得不到别人帮助的人，只有失败，没有成功。希望获得别人帮助的人，首先要帮助别人，吃亏在前，收获在后。

一年冬天，年轻的麦克随同伴来到美国南加州一个名叫活尔逊的小镇。在那里，他认识了善良的镇长杰克逊。正是这位镇长，对麦克后来的成功影响巨大。

那天，天下着小雨，镇长家门前花圃旁边的小路成了一片泥潭。于是行人都从花圃里穿过，弄得花圃一片狼藉。麦克不禁替镇长痛惜，于是不顾寒雨淋身，独自站在雨中看护花圃，让行人从泥潭中穿行。

这时出去半天的镇长满面微笑地从外面挑回一担煤渣，从容地把它铺在泥潭里。结果，再也没有人从花圃里穿过了。镇长意味深长地对麦克说："你看，给人方便，就是给了自己方便。我们这样做有什么不好？"

每个人的心都是一个花圃，每个人的人生之旅就好比花圃旁边的小路，生活的天空不仅有风和日丽，也有风霜雨雪。那些在雨中前行的人们如果能有一条可以顺利通过的路，谁还愿意去践踏美丽的花圃，伤害善良的心灵呢？

后来，麦克学会了与人方便，并在自己的艰苦奋斗下，成为了一个大企业家。

还有一个故事，同样说明了与人方便，自己也获利的道理。

有一篇叫《慷慨的农夫》的短文，讲述的是美国南部有个州，每年都举办南瓜品种大赛。一位经常获得头奖的农夫，获奖之后，毫不吝惜地将得奖的种子分送给街坊邻居。有人不解，问他为何如此慷慨，不怕别人的南瓜品种超过他吗？农夫回答："我将种子分送给大家，方便大家，其实也就是方便我自己！"原来，邻居们种上了良种南瓜，就可以避免蜜蜂在传递花粉过程中，将邻近较差的南瓜品种的花粉传给农夫的南瓜。这样，农夫就能专心致力于品种的改良，否则，他就要在防范外来花粉方面疲于奔命了。

这也是一个"与人方便，自己方便"的例子。你帮助了别人，自己也因此得到了意外的收获。

幸福与快乐是每个人都想享有的。如果你处处只想到自己的利益，就会众叛亲离。过于孤立，则成功的缘分就会渐渐远离。不该得的财富就算你处心积虑想拥有，到头来你会失去更多的回报和机会。试着帮助他人，给他人方便，你会得到更多的收获，至少在精神方面能够获得富足感。

第六节　创新思维，敢于独辟蹊径

我创造，所以我生存。

——罗曼·罗兰

创新是每个领域的制胜法宝

松下幸之助曾经说过："只有努力创新才会有前途，墨守成规或者一味模仿他人，到最后一定会失败。"如果你渴望与时俱进，你就必须留意新事物。一个公司不具有创新能力，无异于与灭亡为伍，一个管理者没有创新的思维更是一个企业退步的伊始。

人的可贵之处在于具有创造性思维。一个有所作为的人，只有通过创造，为人类做出了自己的贡献，才能体会到人生的真正价值和幸福。创新思维用在管理上，可以使管理者享受到事业成功的最大幸福，并激励他们以更大的热情去继续创新，为他们的事业做出更大的贡献，实现人生的真正价值。

提到创新，有人认为这方面女人要表现得欠缺一些，似乎只有极少数女人才能办到。其实，创新有大有小，内容和形式各不相同。创新活动已经不仅是女科学家和发明家的事，它已经深入到普通女人的生活中。很多女人都可以进行创新性的活动，在生活、工作的各个方面都可以迸发出创造的火花。人们在事业上新的追求、新的理想、新的目标会不断产生，实现了这些新的追求、理想、目标，就会产生新的幸福。创新是永无止境的，人类的幸福是没有终点的。人类幸福的实现是一个不断发展、不断创造的过程。

费奥莉娜接手惠普后，面对市场及社会经济发展带来的种种挑战，她利用"创新"的方法来作为解决方案，不断利用惠普公司及外界的先进技术和手段以满足客户的需求。

1999年7月，继普莱特之后成为惠普公司首席执行官的费奥莉娜上任后说："我们当前的任务是抛弃过去机械的动作模式，因为它是建立在旧有的经济基础上的。"

其实，早在几年前，惠普公司就开始显现出大公司的一些问题，比如像结构复杂、经营范围广和缺乏责任制等诸类问题。要想彻底解决这些问题是很难的，费奥莉娜肩上的担子非常重，但她也相信，既然问题出现了，就一定有解决问题的办法。

从打破界限、冲破束缚、革新思维从而使企业快速发展这一点上来看，通用电气公司的首席执行官韦尔奇的做法可以说是最优秀的了。

通用电气有界限，而且很多，这是许多人都知道的。管理层之间，工程人员和营销人员之间，通用电气正式工和钟点工之间，通用电气和整个外部社区之间……到处都是界限。界限是阻碍的同义词，这些界限使公司不可能正常运转，并削弱了通用电气与顾客及供应商的联系。因为它阻隔了通用电气人与人之间的互相交流，它阻隔了通用电气人与顾客之间顺畅的沟通，这些界限最终变成了障碍。

韦尔奇痛恨界限并想清除它们，他不允许这些界限减缓公司的发展速度，使一切变得复杂而低效。

当杰克·韦尔奇在1981年以董事长和首席执行官的身份执掌通用电气时，他很快就找出了所有破坏性的界限，如高层经理从不想与除了他们直接下级以外的其他人交流等。存在于通用电气与外部世界的关系，通常被叫作"外来综合症(NIH)"——这种非本地生产的态度使通用电气的员工认为从公司以外学习任何东西几乎没用。

韦尔奇痛恨"NIH"综合症的观念，他在1996年写给股东的信中提到，"NIH"综合症限制了通用公司向供应商、客户和其他跨国公司学习的主动性，这些跨国公司拥有能带给通用大有裨益的"好的实践案例"。

在韦尔奇所有的经营战略中，他自认无界限是最重要的一个。他知道这是一个使用起来不大方便的术语，但是它很好地总结出他在通用电气一直寻求的理念，甚至可以说是与韦尔奇联系最紧密的术语。

韦尔奇第一次定义这个词是在90年代早期的演说中，他指出，他80年代的经营策略，如重组、削减管理层等等不再实用，这些策略要对公司发生影响十分缓慢。简单地说，这些策略成本太高了。

他认为，要在90年代生存和发展，通用电气运转必须更快，它必须与其员工更有效地联系，它必须使公司上下的每一个人提高与客户的关系。为了达到这一目的，通用电气必须变成无界限的。韦尔奇说，通用电气不再能够支付界限存在时的高额成本，如发生在营销人员与工程人员间的，或在经理、正式工、小时工等不同员工间的界限。如果通用电气要变成一个真正的全球化公司，它同样不能容许地上的界限阻碍这一目的。

无界限已经成为韦尔奇努力实现通用电气生产目标的关键策略。这一策略不仅仅是简单地清除官僚浪费问题，还迅速提高了生产效率。

在 90 年代，韦尔奇的观点建立在工作环境需要解放这一前提上。工人不再被告诉该做什么，而应被赋予权利和承担责任。发挥每个员工的最大潜能，需要一种全新的思维，让员工们能有一个自由发挥的环境。在这个勇于开拓的新的环境中，所有的员工都可以参与决策，并充分地获得决策所需的重要信息。韦尔奇在 80 年代首次引入这些观点时，这确实是对统治美国公司多年的命令控制模式的一种反叛。韦尔奇解除了员工的各种束缚，让他们自由发挥，达到了无界限的目的。

韦尔奇说："发展无界限的好学精神是通力合作计划最重要的成果，这种文化规范了通用电气员工的行为准则。今天，我们绝不会有意雇某一个不会或不可能接受这种规范的员工。"

就这样，费奥莉娜利用通用公司的经验成功地对惠普进行了改革重组，冲破了惠普原有的束缚，使惠普公司得以更快地发展。

创新改变生活，改变思维

卡耐基在教育领域开创了属于他个人的风格，不管是演讲魅力，还是人际关系，有很多学员都因此受益良多。其实很多人都看过卡耐基的著作，甚至会有人觉得这并没有什么，其实他们并不懂得卡耐基为什么这样受人尊敬，其原因就是他创造了一种授课方式，通过交流达到心灵上的契合。这种授课模式本身就是一种创新。

在《草庐经略》上曾记载："虚实在我，贵我能误敌。"兵法上有"实则虚之"的谋略，然而，这都没有一个定规，关键要看个人的胆识和悟性。兵者，"诡道"也，所谓"诡"和"谲"之类的词语，在兵家那里是没有褒义和贬义之分的，这类词的意思无非就是一个，那就是变化。谁能变化得宜，谁就会取得胜利。在军事上，与其说是斗勇，不如说是斗智。而智，就是变化。所以我们要善变，不可拘泥于一格，否则就不能有所创新。

谁都会"变化"，在你变化的同时对方也在变化着。因此，无论是战场上还是商场上，要取胜，就必须要掌握别人的变化，这就要采取反"常"的策略。也许从此人们更容易理解"反者，道之动也"之类的话。

管理者只有敢于打破常规，敢于突破创新，才能在任何环境中都立于不败之地。青少年作为祖国的未来，要有敢为人先的锐气，勇于解放思想、与时俱进，敢于上下求索、开拓进取，树立在继承前人的基础上超越前人的雄心壮志。"以青春之我，创建青春之国家，青春之民族。"要有逢山开路、遇河架桥的意志，为了创新创造而百折不饶、勇往直前。正所谓"苟日新，日日新，又日新"。生活从不眷顾因循守旧、满足现状、不思进取、坐享其成者，而是将机遇留给善于和勇于创新的人们。青年是社会上最富活力、最具创造性的群体，理应走在创新的前列。